Projeto Presente

Presente Geografia 5

Neuza Sanchez Guelli

Bacharel e licenciada em Geografia pela Pontifícia Universidade Católica de São Paulo.
Professora de Geografia no Ensino Fundamental.
Coordenadora e diretora pedagógica no Ensino Fundamental e no Médio.

Cíntia Nigro

Bacharel e licenciada em Geografia pela Universidade de São Paulo.
Mestre em Geografia Humana pela Universidade de São Paulo.
Professora de Geografia no Ensino Fundamental, no Médio e no Superior.

COORDENAÇÃO PEDAGÓGICA

Neuza Sanchez Guelli

4ª edição

MODERNA

MODERNA

Coordenação editorial: Marisa Martins Sanchez
Edição de texto: Lina Youssef Jomaa, Juliana Maestu, Fernanda Pereira Righi, Carlos Vinicius Xavier
Assistência editorial: Ana Cristina Bezerra Oliveira
Preparação de texto: Cintia Shukusawa Kanashiro
Gerência de *design* e produção gráfica: Sandra Botelho de Carvalho Homma
Coordenação de *design* e produção gráfica: Everson de Paula
Suporte administrativo editorial: Maria de Lourdes Rodrigues (coord.)
Coordenação de *design* e projeto gráfico: Marta Cerqueira Leite
Capa: *Criação e direção de arte*: Marta Cerqueira Leite
Finalização: Ana Carolina Orsolin
Ilustração de construção em papel: Ricardo Davino
Coordenação de arte: Rodrigo Carraro
Edição de arte: Edivar Goularth
Editoração eletrônica: MRS Design e Cultura
Ilustrações: André Vazzios, Alexandre Dubiela, Hugo Araújo, Limetown, Mariana Coan, Rafael Olivetti, Ricardo Davino, Rodrigo Arraya, Sérgio Paulo, Tarcísio Bellini, Vagner Vargas
Cartografia: Anderson de Andrade Pimentel, Fernando José Ferreira
Coordenação de revisão: Elaine C. del Nero
Revisão: Gloria Cunha, Marina Oliveira, Olívia Duarte, Tatiana Malheiro
Coordenação de pesquisa iconográfica: Luciano Baneza Gabarron
Pesquisa iconográfica: Camila Soufer, Junior Rozzo
Coordenação de *bureau*: Américo Jesus
Tratamento de imagens: Bureau São Paulo, Fabio N. Precendo, Marina M. Buzzinaro, Resolução Arte e Imagem
Pré-impressão: Alexandre Petreca, Everton L. de Oliveira, Hélio P. de Souza Filho, Marcio H. Kamoto, Rubens M. Rodrigues, Vitória Sousa
Coordenação de produção industrial:
Impressão e Acabamento: Gráfica Elyon
Lote: 266953

Dados Internacionais de Catalogação na Publicação (CIP)
(Câmara Brasileira do Livro, SP, Brasil)

Guelli, Neuza Sanchez
Presente geografia / Neuza Sanchez Guelli, Cíntia Nigro. – 4. ed. – São Paulo : Moderna, 2015. – (Projeto presente / coordenação pedagógica Neuza Sanchez Guelli)

Obra em 4 v. para alunos do 2º ao 5º ano.
Bibliografia.

1. Geografia (Ensino fundamental) I. Nigro, Cíntia. II. Título. III. Série.

15-00960 CDD-372.891

Índices para catálogo sistemático:
1. Geografia : Ensino fundamental 372.891

ISBN 978-85-16-09801-8 (LA)
ISBN 978-85-16-09802-5 (GR)

EDITORA MODERNA LTDA.
Rua Padre Adelino, 758 – Belenzinho
São Paulo – SP – Brasil – CEP 03303-904
Vendas e Atendimento: Tel. (0_ _11) 2602-5510
Fax (0_ _11) 2790-1501
www.moderna.com.br
2019
Impresso no Brasil

1 3 5 7 9 10 8 6 4 2

O nosso país é exemplo
Da grande diversidade
Por sua rica cultura
Sinal de brasilidade
Com todas as diferenças
Mostra a sua pluralidade.

Juarês Alencar Pereira. *Pluralidade cultural*.
Disponível em: <http://mod.lk/cultura>.
Acesso em: 7 jan. 2015.

Boizinho da lua, de
Airton Marinho, 2009.

Seu livro é assim

Acompanha este livro um tabuleiro para jogo.

Abertura de unidade

Saiba o que você vai estudar na unidade analisando imagens e conversando com os colegas.

Primeiros contatos

Você perceberá o que já sabe sobre o tema que será estudado.

Desafio à vista!

Você vai elaborar hipóteses sobre questões que serão desenvolvidas nos capítulos.

Cartografando

Você vai aprender a ler e a interpretar a realidade espacial por meio de desenhos, mapas, gráficos, fotos, obras de arte e muito mais...

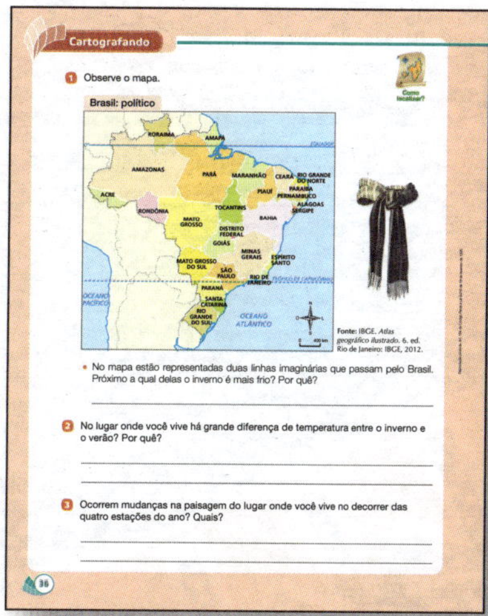

Estudo do meio

Você terá possibilidade de visitar e conhecer diferentes locais.

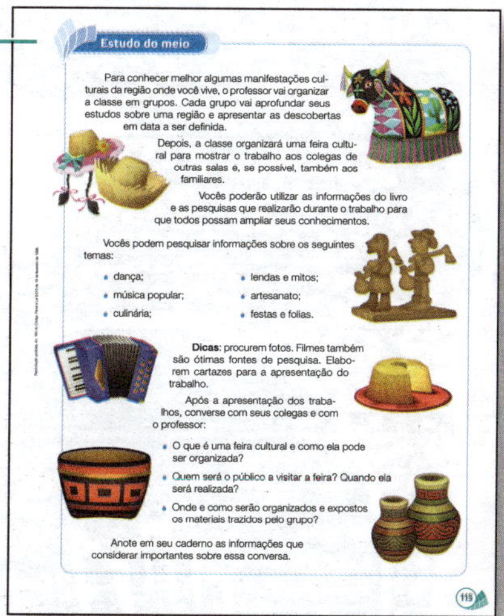

Ligando os pontos

Aqui você retoma o *Desafio à vista!* e organiza os conhecimentos construídos.

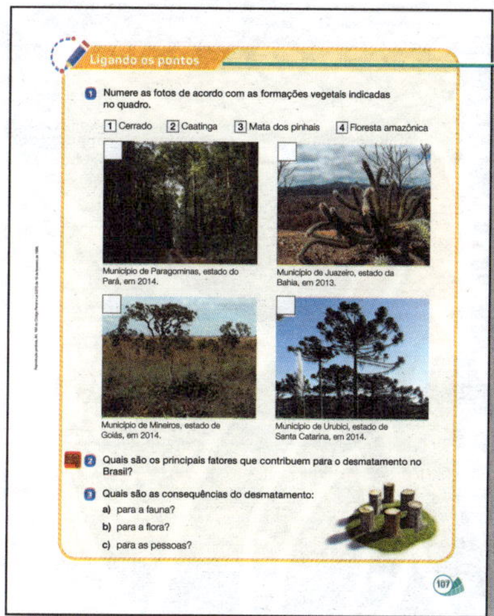

Refletindo mais

Você vai retomar e ampliar seus conhecimentos.

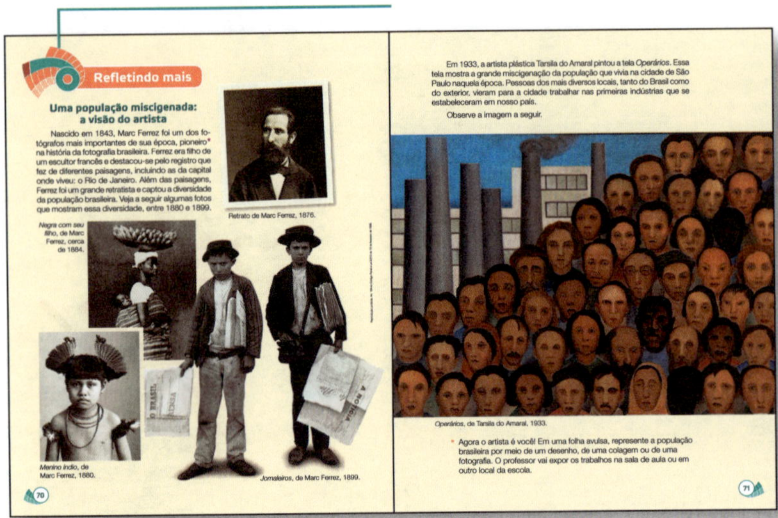

Glossário

Você vai aprender novas palavras. Procure as palavras ou expressões marcadas com asterisco (*) no *Glossário*, no final do livro, e conheça o seu significado.

Você também encontrará as seções:

Você sabia?

Você vai conhecer um pouco mais sobre o assunto estudado.

Pesquise

Aqui você vai pesquisar e descobrir novas informações sobre o conteúdo estudado em sala de aula.

Entreviste

Converse com diferentes pessoas e obtenha mais informações sobre o assunto estudado.

De leitor para leitor

Você vai encontrar sugestões de livros, filmes e *sites* para conhecer mais sobre o que estudou.

Nos conteúdos que trabalham a alfabetização geográfica, você encontrará os ícones:

Que espaço é esse? — Houve transformação?

Nos conteúdos que trabalham a alfabetização cartográfica, você encontrará os ícones:

Como representar? — Como localizar? — Como nos orientar?

Ícone que indica objetos digitais:

Neste livro, você encontrará alguns ícones que vão orientar a forma como você deve fazer as atividades. São eles:

Atividade oral — Atividade em dupla — Atividade em grupo — Registre em seu caderno

Sumário

Unidade 1

Brasil: aqui é o meu país

Esta menina é Estela Dias.
Ela vive em Goiânia, um município do estado de Goiás, no Brasil.
O Brasil está localizado na América, um dos continentes da Terra.

Primeiros contatos

1. Qual é o nome do município onde você vive? Ele faz parte de qual estado brasileiro?

2. Você conhece outros municípios ou estados do Brasil? E outros países, você conhece?

1 Do município ao estado

Desafio à vista!

Como um país pode ser dividido? Quais são as principais divisões administrativas de nosso país?

Você vai conhecer um pouco de Goiânia, no estado de Goiás. Nesse município vive Estela Dias, que, assim como você, está no 5º ano.

Goiânia é a capital do estado de Goiás. Destaca-se por suas largas avenidas, ruas arborizadas, canteiros floridos e parques urbanos.

Goiânia é uma cidade que foi planejada, diferentemente da maior parte das cidades brasileiras, que tiveram origem espontânea.

Que espaço é esse?

A casa onde Estela Dias mora com a família fica próximo ao Bosque dos Buritis.

O Bosque dos Buritis se localiza no centro de Goiânia e é um dos parques mais frequentados da cidade.

Como localizar?

Agora, observe a planta de parte de Goiânia, que mostra o Bosque dos Buritis e entorno.

Planta de parte de Goiânia

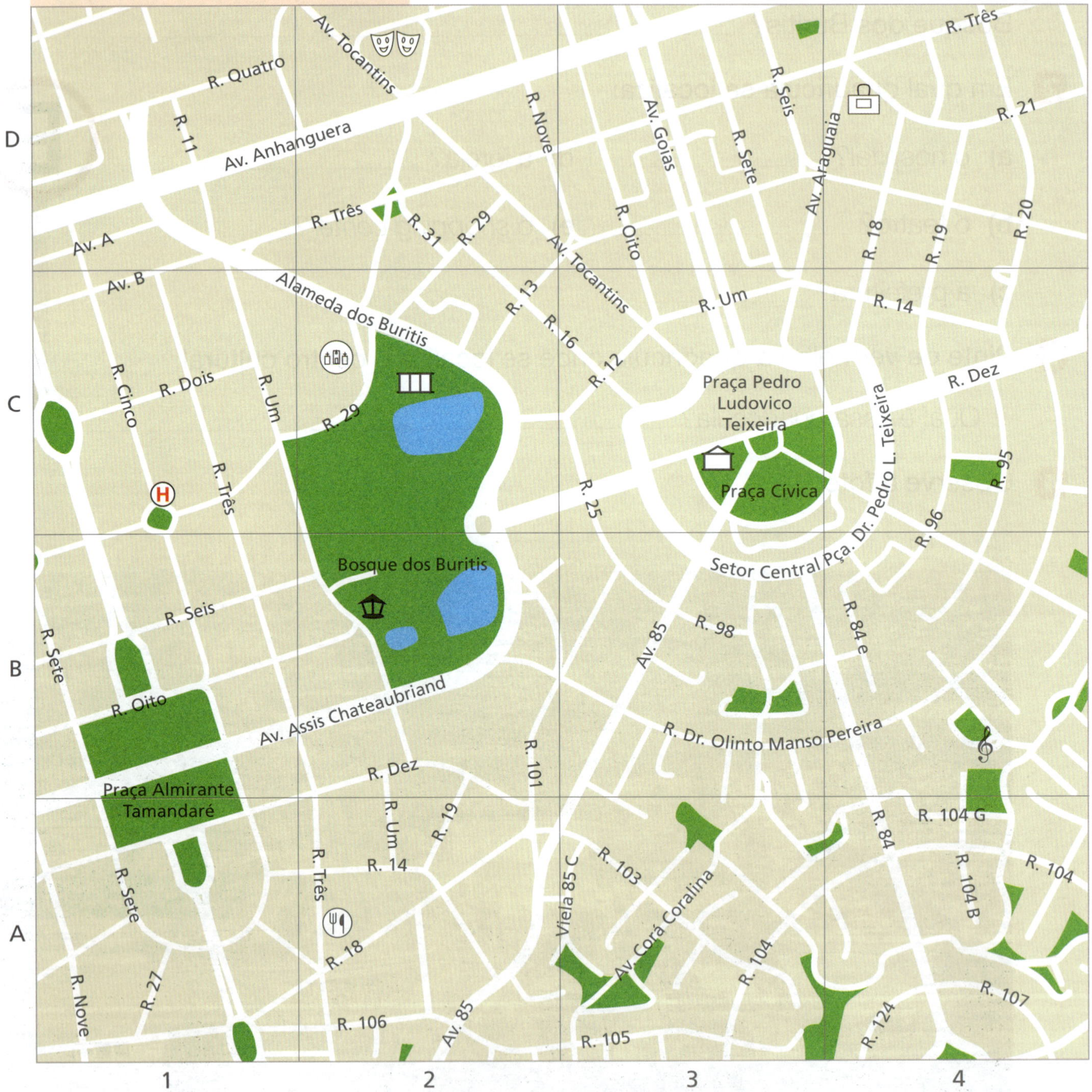

⌂	Prefeitura		*Shopping center*		Restaurante
	Museu de Artes de Goiânia	H	Hospital	𝄞	Centro cultural
	Teatro		Igreja		Assembleia Legislativa

Fonte: Google Maps. Disponível em: <http://mod.lk/plantago>. Acesso em: 19 maio 2015.

Cartografando

1 De acordo com a planta da página anterior, em quais quadrículas se localiza o Bosque dos Buritis? ______

2 Em qual quadrícula se localiza:

a) o hospital? ______

b) o teatro? ______

c) a prefeitura? ______

d) a igreja? ______

e) o *shopping center*? ______

3 Pinte de vermelho a quadrícula onde se localiza o centro cultural.

- Qual é essa quadrícula? ______

4 Observe a foto.

Vista do município de Goiânia, estado de Goiás, em 2014.

- Essa foto foi tirada em qual visão?

☐ Visão oblíqua ☐ Visão frontal ☐ Visão vertical

2 Do estado à região

Objeto digital
- Atividade: *Divisão política do Brasil*

Como você viu, Estela Dias mora no município de Goiânia, no estado de Goiás. Esse estado faz parte de uma região brasileira.

As regiões englobam localidades que apresentam características semelhantes.

Atualmente, o Brasil está dividido em 26 estados e um Distrito Federal. Eles constituem as unidades da federação ou unidades federativas.

O Instituto Brasileiro de Geografia e Estatística (IBGE) agrupou essas unidades federativas em cinco grandes regiões: Norte, Nordeste, Centro-Oeste, Sudeste e Sul. Essa divisão regional foi estabelecida considerando as características naturais (relevo, clima, vegetação) e os aspectos econômicos e sociais semelhantes.

Observe o mapa.

Brasil: grandes regiões

Fonte: IBGE. *Atlas geográfico escolar*. 6. ed. Rio de Janeiro: IBGE, 2012.

Brasil: complexos regionais

Existe outro modelo para regionalizar o Brasil. Esse modelo se baseia em aspectos de ordem econômica e histórica.

Nessa regionalização, ao contrário da divisão do IBGE, não houve a preocupação de seguir os limites das unidades federativas.

De acordo com essa regionalização, o Brasil é dividido em três complexos regionais: Amazônia, Nordeste e Centro-Sul.

Brasil: complexos regionais

Fonte: IBGE. *Atlas geográfico escolar*. 6. ed. Rio de Janeiro: IBGE, 2012.

1 Quais são as principais diferenças entre o mapa da página anterior e o mapa desta página?

Objeto digital
- Atividade interativa

2 A unidade federativa onde você vive faz parte de qual complexo regional?

3 Observando atentamente a divisão do Brasil em complexos regionais, cite as unidades federativas que estão inseridas em dois complexos simultaneamente, isto é, ao mesmo tempo.

Ligando os pontos

1 Em qual município, unidade da federação, grande região e complexo regional você vive?

- Município: ______
- Unidade da federação: ______
- Grande região: ______
- Complexo regional: ______

2 Observem os mapas.

1 Ceará: municípios

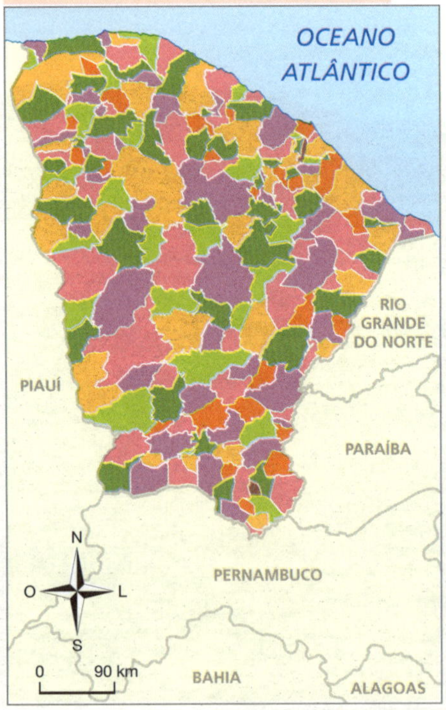

2 Ceará: mesorregiões

3 Estado do Ceará

Fonte dos mapas: Instituto de Pesquisa e Estratégia Econômica do Ceará (Ipece). *Ceará em mapas*. Disponível em: <http://mod.lk/atlas_ce>. Acesso em: 18 dez. 2014.

a) O que o mapa 1 mostra?

b) O que o mapa 2 mostra?

c) Qual é a capital do estado do Ceará? Em que mapa você encontrou essa informação?

d) O Ceará tem limites com quais outros estados?

3 Brasil: um país extenso e diversificado

O Brasil é um dos maiores países do mundo em extensão territorial, atrás apenas de Rússia, Canadá, China e Estados Unidos.

Em razão de sua dimensão, o Brasil se caracteriza por apresentar diferentes paisagens, o que atrai muitos turistas.

Vamos conhecer algumas dessas paisagens.

Desafio à vista!

As paisagens e os modos de vida das pessoas são iguais em todos os locais do Brasil?

Região Sul

A Região Sul é muito lembrada por suas cidades históricas e colônias de influência europeia. As estações do ano são bem definidas, apresentando inverno rigoroso. As cataratas do Rio Iguaçu e a cascata do Caracol atraem muitos turistas e são exemplos da beleza natural da Região Sul.

Vista da Cascata do Caracol, no município de Canela, estado do Rio Grande do Sul, em 2012.

Região Centro-Oeste

Na Região Centro-Oeste o turismo vem se desenvolvendo rapidamente, atraindo visitantes de várias partes do mundo. O destino mais procurado pelos turistas é o Pantanal, que apresenta vegetação e fauna variadas.

Vista de área do Pantanal no município de Corumbá, estado de Mato Grosso do Sul, em 2014.

Região Norte

A Região Norte apresenta muitas possibilidades de turismo. Atualmente, a região vem recebendo um grande número de ecoturistas* (brasileiros e estrangeiros), principalmente na cidade de Manaus, localizada no centro da floresta amazônica, no encontro dos rios Negro e Solimões.

Vista do município de Manaus, estado do Amazonas, em 2013.

Região Nordeste

O litoral da Região Nordeste contribui para o turismo local. Com praias belíssimas, o Nordeste é um dos destinos mais procurados pelos turistas.

A cultura nordestina também é um atrativo significativo. Em cada estado há manifestações artísticas seculares preservadas, como as danças.

Vista da cidade do Recife, estado de Pernambuco, em 2014.

Região Sudeste

Nessa região localizam-se vários dos pontos turísticos mais visitados do país. A cidade do Rio de Janeiro, no estado do Rio de Janeiro, por exemplo, é internacionalmente conhecida por suas praias e pelo carnaval. A cidade de São Paulo, no estado de São Paulo, também conhecida mundialmente, é o maior centro financeiro do Brasil e tem diversos centros de cultura e de entretenimento*. Em Minas Gerais estão situadas importantes cidades históricas, como Ouro Preto e Tiradentes. As praias do estado do Espírito Santo também atraem muitos turistas por suas belezas naturais.

Vista da cidade de Ouro Preto, estado de Minas Gerais, em 2013.

1 Você conhece algum dos locais citados nos textos?

2 Qual dos locais citados você mais gostaria de conhecer? Por quê?

3 Qual dos locais citados é mais próximo do lugar onde você vive?

4 Quais são as grandes regiões do Brasil?

Pesquise

Escolham um local do Brasil. Para a próxima aula, tragam imagens desse local, como cartões-postais e fotos de jornais, de revistas ou de *sites* da internet, e criem um painel com título "O 5º ano conhece o Brasil". Lembrem-se de identificar em que região do Brasil o local escolhido está situado.

Diferentes pessoas, diferentes hábitos alimentares

Você conheceu algumas das diversas paisagens do nosso país.

Conheça, agora, os hábitos alimentares das pessoas, pela manhã, nas diferentes regiões do Brasil.

Região Sul

A cuca é uma massa feita de farinha de trigo, coberta com farofa doce e crocante. Ela é consumida principalmente no Rio Grande do Sul, Santa Catarina e Paraná. As pessoas que vivem em fazendas de criação de gado na Região Sul costumam comer, também, carne bovina ou de ovelha logo pela manhã.

Cuca.

Os gaúchos costumam consumir, pela manhã, o chimarrão, bebida feita com erva-mate.

Região Centro-Oeste

No Mato Grosso do Sul consome-se a chipa, um sequilho tradicional da culinária paraguaia feito de polvilho azedo. Nesse estado também se consome o tererê, uma bebida gelada feita de erva-mate. Em Goiás é comum comer, no café da manhã, a pamonha salgada, uma receita elaborada com milho.

Chipas.

Pamonhas salgadas.

Região Norte

Cestos com açaí.

Nos estados dessa região é comum encontrar, no café da manhã, pratos feitos à base de farinha de mandioca, como beiju ou tapioca. Em Belém, no estado do Pará, consomem-se peixe com açaí fresco e farinha-d'água, isto é, farinha obtida da massa de mandioca fermentada. Já em Manaus, no estado do Amazonas, costuma-se comer sanduíche de tucumã, que é o fruto de um tipo de palmeira encontrada na floresta amazônica.

Cesto com tucumãs.

Região Nordeste

A tapioca doce ou salgada é muito consumida no café da manhã dessa região. O cuscuz de farinha de milho cozido no vapor também está presente em quase toda a região nordestina.

Tapioca doce.

Cuscuz de farinha de milho.

Região Sudeste

Nos estados dessa região são consumidos no café da manhã diversos tipos de pão, biscoito e bolos feitos à base de farinha de trigo. O pão de queijo, por exemplo, é uma receita típica do estado de Minas Gerais e é muito apreciado em outros estados dessa e de outras regiões do Brasil.

Pães feitos com farinha de trigo.

Pães de queijo.

Pesquise

No lugar onde você vive devem existir receitas de pratos tradicionalmente consumidos no café da manhã.

Converse com um adulto de sua casa e registre a receita de algum dos pratos que vocês consomem frequentemente no café da manhã.

Receita de: ______________________________

Ligando os pontos

1 Leia novamente os textos e observe as imagens das páginas 16 a 18 para responder as questões a seguir.

- Quais foram os municípios citados em cada uma das grandes regiões?

✔ Sul: ______

✔ Centro-Oeste: ______

✔ Norte: ______

✔ Nordeste: ______

✔ Sudeste: ______

______

2 Agora, leia os textos e observe as imagens das páginas 20 a 22 e responda.

- Quais alimentos são comumente consumidos, pela manhã, em cada uma das grandes regiões?

✔ Sul: ______

✔ Centro-Oeste: ______

✔ Norte: ______

______

✔ Nordeste: ______

✔ Sudeste: ______

3 Por que podemos afirmar que o Brasil é um país diversificado?

______

______

______

______

______

4 Do Brasil para os continentes

O Brasil está localizado na parte sul do continente americano, também conhecida como América do Sul.

Para localizar os lugares com mais exatidão foram criadas as linhas imaginárias. Elas são traçadas nos globos terrestres e nos mapas. Vamos saber mais sobre isso?

Desafio à vista!

O que você conhece sobre o continente onde se localiza o Brasil?

Os paralelos

Os paralelos correspondem às linhas horizontais traçadas nos mapas e nos globos terrestres.

Uma dessas linhas é o Equador, que divide a esfera terrestre em metades chamadas hemisférios.

A linha do Equador é utilizada como referência para determinar o hemisfério norte e o hemisfério sul. Além da linha do Equador, são traçados muitos outros paralelos.

Os paralelos mais importantes são: Círculo Polar Ártico, Trópico de Câncer, Trópico de Capricórnio e Círculo Polar Antártico.

Os meridianos

Os meridianos correspondem às linhas verticais traçadas nos mapas e nos globos terrestres.

O mais importante deles é o Meridiano de Greenwich, que divide a esfera terrestre em hemisfério leste (ou oriental) e hemisfério oeste (ou ocidental).

Observe, no planisfério a seguir, as principais linhas imaginárias.

Planisfério: continentes e oceanos

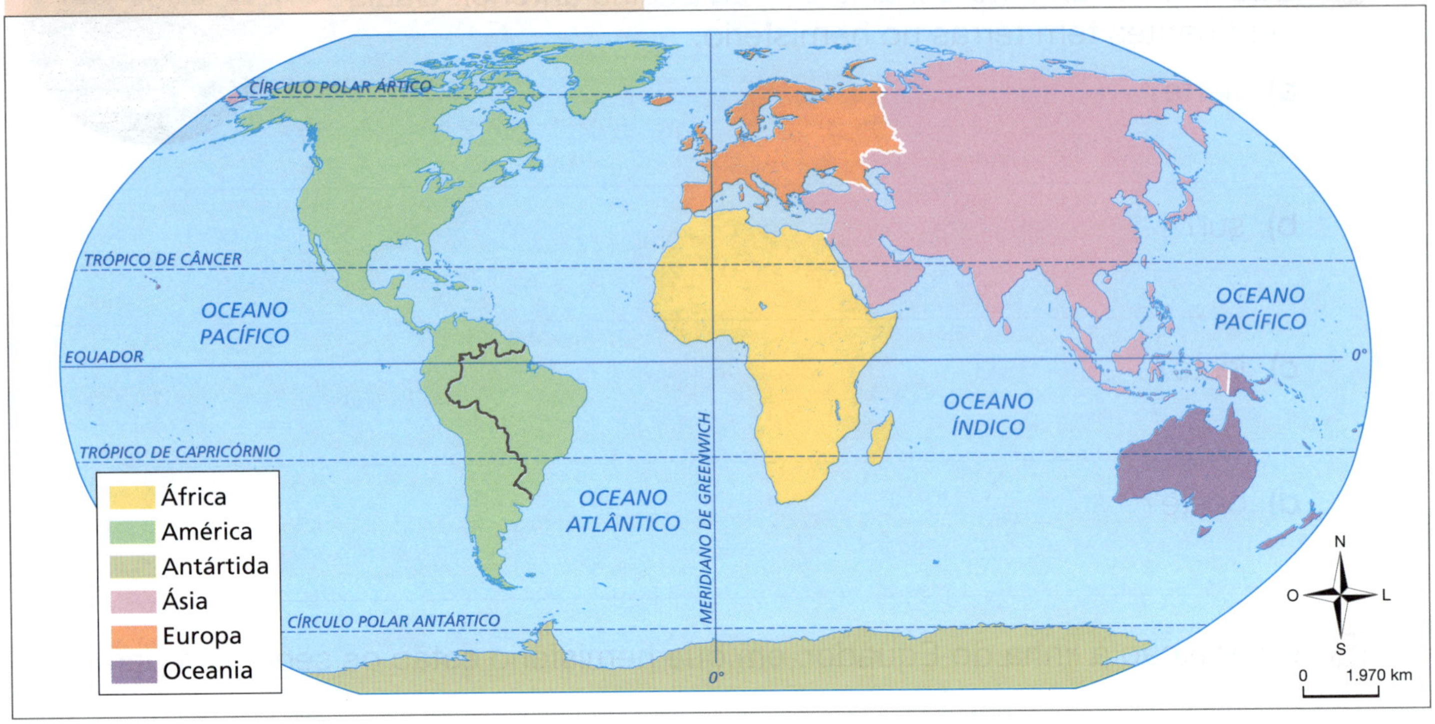

Fonte: IBGE. *Atlas geográfico escolar*. 6. ed. Rio de Janeiro: IBGE, 2012.

Você vai construir um modelo de globo terrestre para representar os hemisférios. Para isso, vai precisar de uma esfera e de canetinhas coloridas. Siga as orientações e bom trabalho!

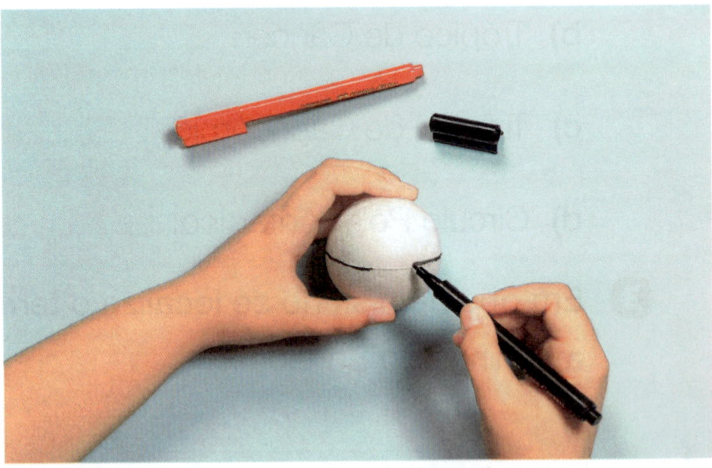

- Trace uma linha na esfera dividindo-a em duas partes iguais. Essa linha representará o Equador. Escreva o nome dessa linha e identifique, na esfera, os hemisférios norte e sul.

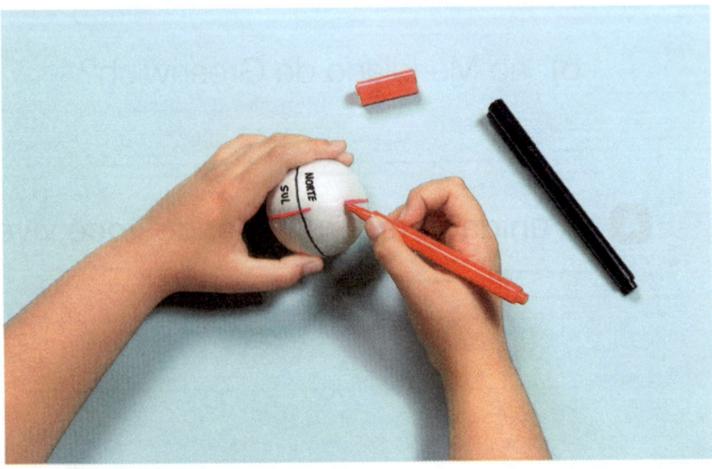

- Agora, com uma cor diferente, trace, na esfera, o Meridiano de Greenwich. Escreva o nome dele e identifique os hemisférios leste e oeste.
- Se quiser, faça o contorno dos continentes e pinte cada um com uma cor. Você também pode traçar e identificar os demais paralelos.

Cartografando

Objeto digital
• Atividade interativa

1 Observe novamente o planisfério da página anterior. Quais continentes têm terras no hemisfério:

a) norte?

____

b) sul?

____

c) leste?

____

d) oeste?

____

2 Em relação à linha do Equador, em que hemisfério estão os seguintes paralelos:

a) Círculo Polar Ártico: ______________________________

b) Trópico de Câncer: ______________________________

c) Trópico de Capricórnio: ______________________________

d) Círculo Polar Antártico: ______________________________

3 Em que hemisfério se localiza o território brasileiro em relação:

a) à linha do Equador?

____

____

b) ao Meridiano de Greenwich?

____

4 A unidade federativa onde você vive se localiza em quais hemisférios?

____

____

____

Você sabia?

Os continentes se movem

Você já imaginou como era o mundo há milhões de anos? Pois era bem diferente do que é hoje. Quando olhamos para o globo, vemos cada continente ocupando sua posição de sempre, formando um desenho que já conhecemos muito bem. Mas e se cada continente fosse a peça de um quebra-cabeça? Será que poderíamos montá-lo, formando um único e enorme pedaço de terra?

A resposta é sim. Só que, para vermos esse quebra-cabeça montado, teríamos que voltar no tempo uns 250 milhões de anos... Isso porque, naquela época, os blocos continentais que hoje estão espalhados pelo globo formavam um único e grande continente. Esse megacontinente foi se dividindo e suas partes foram se afastando até chegarem à posição que ocupam atualmente. Espera aí... Isso quer dizer então que os continentes se mexem?!

Se essa ideia lhe causou espanto, imagine só a reação das pessoas quando ela foi proposta em 1912 por um cientista alemão muito sabido chamado Alfred Wegener. A hipótese que levantou, revolucionária para a época, foi ridicularizada pela maioria de seus colegas. [...]

Wegener propôs algo diferente: antigamente, existia um supercontinente, que chamou de Pangeia (do grego "terra total"). Há cerca de 200 milhões de anos, a Pangeia foi se dividindo em vários blocos, que foram se deslocando lentamente, percorrendo milhares de quilômetros até ocuparem a posição atual. Como prova disso, o cientista apontou uma série de semelhanças entre a costa da África e da América do Sul: o relevo das duas regiões se completava, como se tivessem sido formadas juntas e depois se separado e, apesar de haver um oceano entre os dois continentes, foram encontrados fósseis de animais da mesma espécie e época em ambos, bem como plantas parecidas.

Júlia Dias Carneiro. *Preciso levar essa ideia adiante.* Disponível em: <http://mod.lk/continen>. Acesso em: 17 dez. 2014.

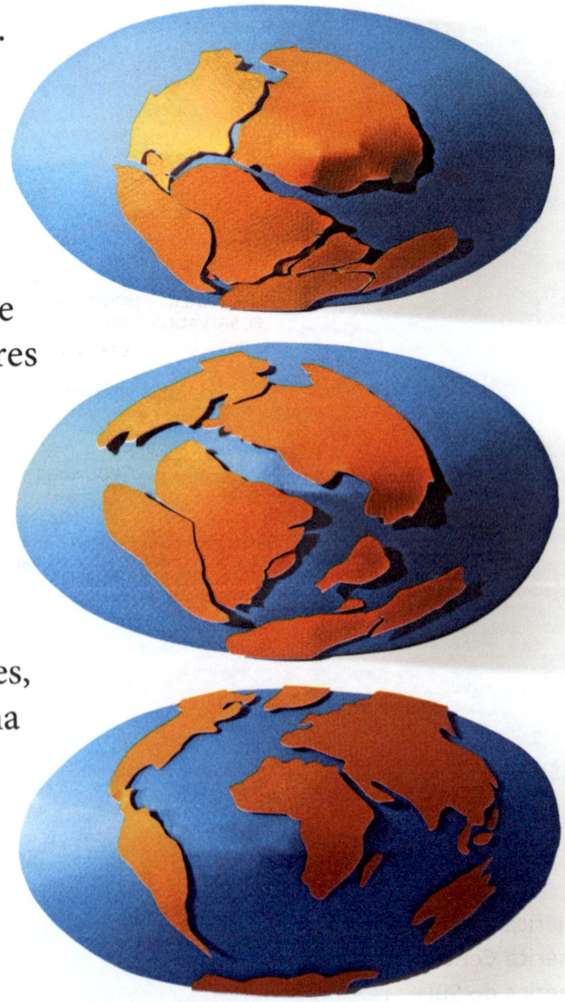

5 O Brasil no continente americano

O continente americano apresenta grande extensão territorial, o que o torna o segundo maior continente do mundo. Apresenta também uma grande diversidade cultural.

Em razão de sua grande extensão territorial, o Brasil faz fronteira com vários países e desempenha um papel importante no continente americano.

O continente americano pode ser dividido em três grandes porções: América do Norte, América Central e América do Sul.

América político: divisão do continente

Fonte: IBGE. *Atlas geográfico escolar*. 6. ed. Rio de Janeiro: IBGE, 2012.

Cartografando

1 Observem o mapa político da América e listem o nome de:

a) três países da América do Norte.

b) três países da América Central.

c) três países da América do Sul.

2 Qual é o nome da linha imaginária que divide o globo terrestre em hemisférios norte e sul?

3 Escreva o nome de duas ilhas localizadas na América Central.

4 Quais países da América do Sul não fazem fronteira com o Brasil?

5 Escreva o nome dos países do continente americano por onde passam as seguintes linhas imaginárias:

a) Linha do Equador.

b) Trópico de Câncer.

c) Trópico de Capricórnio.

d) Círculo Polar Ártico.

6 Com base no mapa da página anterior, elaborem uma pergunta para outra dupla responder. Respondam à pergunta feita pela dupla.

A América Anglo-Saxônica e a América Latina

Considerando a colonização do continente, a cultura e o desenvolvimento econômico, a América pode ser dividida em:

- **América Anglo-Saxônica:** corresponde à porção do continente formada por Estados Unidos e Canadá. Esses países foram colonizados por ingleses e franceses, tendo sido colônias de povoamento. O inglês é falado nos Estados Unidos e no Canadá, que também tem o francês como língua oficial.
- **América Latina:** corresponde à porção do continente colonizada por espanhóis, portugueses e holandeses. Na América Latina predominaram as colônias de exploração. O espanhol e o português são as línguas faladas na maior parte da América Latina.

1 Que países formam a América Anglo-Saxônica?

2 Liste o nome de cinco países que formam a América Latina.

3 Quais são as línguas faladas na América Anglo-Saxônica?

4 É correto afirmar que o Canadá é um país bilíngue? Por quê?

América Anglo-Saxônica e América Latina

Fonte: Graça M. L. Ferreira. *Geografia em mapas*: continente americano. São Paulo: Moderna, 2005.

Ligando os pontos

1 O que você conheceu sobre o continente onde se localiza o Brasil?

____

____

____

____

____

____

____

____

____

2 Escreva o nome do continente em que você vive. Depois, na sequência, escreva o nome do país, do estado, da cidade, do bairro e da rua onde você vive.

Continente: ______________________________

País: ______________________________

Estado: ______________________________

Cidade: ______________________________

Bairro: ______________________________

Rua: ______________________________

____

6 Da Terra para o espaço do Universo

No Universo existem corpos celestes, como as estrelas, os planetas, os satélites naturais e os cometas. Estima-se que haja no Universo mais de 100 bilhões de galáxias*, entre elas, a Via Láctea, onde o planeta Terra está localizado.

Desafio à vista!

Quais são as consequências dos principais movimentos que a Terra realiza?

O Sol é umas das estrelas do Universo. Temos a impressão de que ele se movimenta ao redor da Terra, mas acontece exatamente o contrário: é a Terra que gira ao redor do Sol e, ao mesmo tempo, gira ao redor de si mesma. Esses são os principais movimentos que o nosso planeta realiza. Vamos conhecê-los.

Objeto digital
- Animação: *A Terra no Universo*

O movimento de rotação

Estamos todos acostumados: quando o Sol se põe no horizonte, o dia termina e vem a noite; depois da noite, começa um novo dia, e assim sucessivamente.

Isso acontece por causa do movimento de rotação da Terra: ao girar ao redor de si mesma, isto é, ao redor de seu eixo imaginário, uma de suas partes é iluminada pelo Sol, enquanto a outra parte fica no escuro.

Para dar uma volta completa ao redor do seu eixo imaginário, a Terra leva aproximadamente 24 horas.

Movimento de rotação

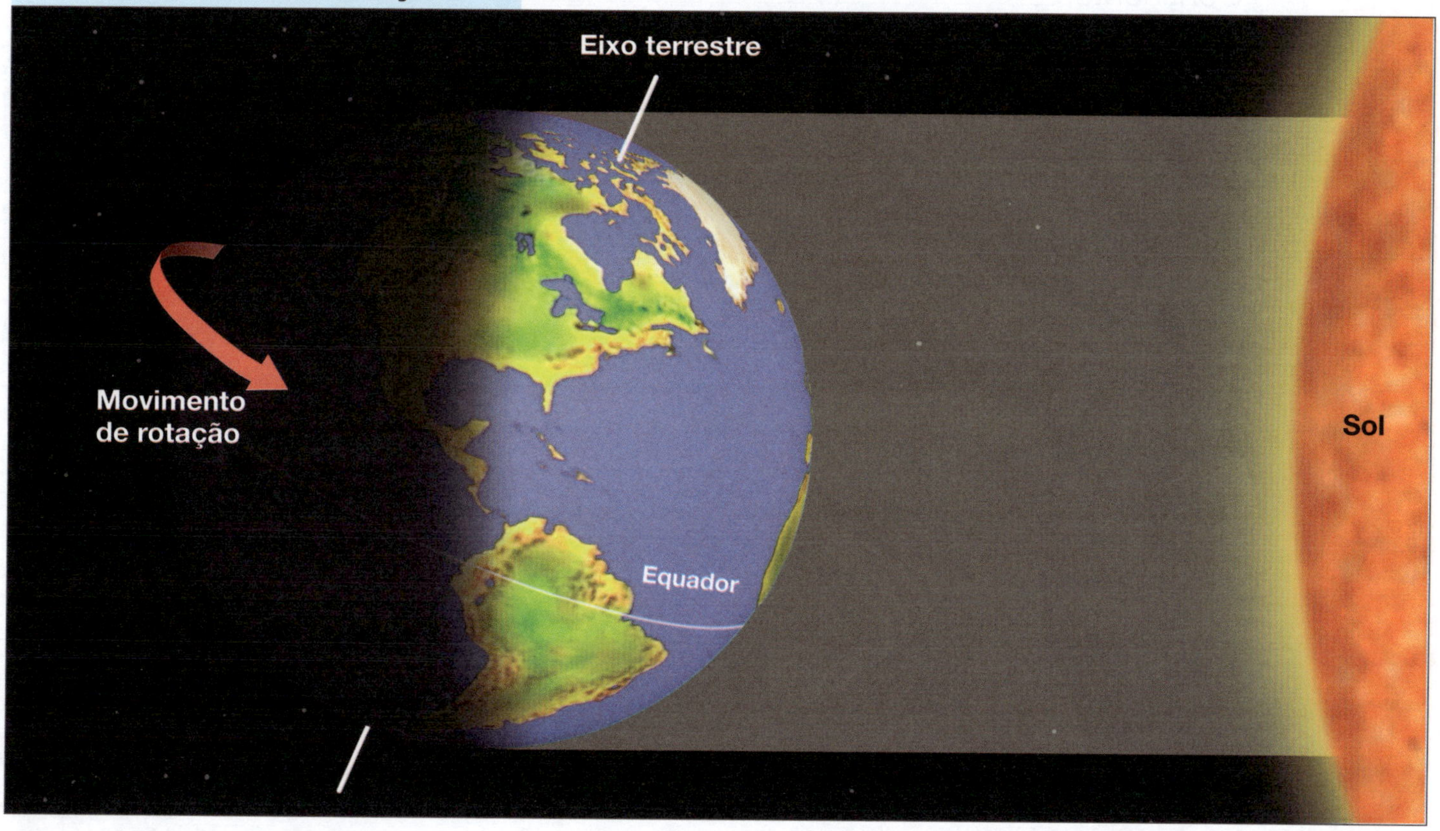

Representação sem escala para fins didáticos.

Movimento de translação

Ao deslocar-se ao redor do Sol, a Terra realiza o movimento de translação. Para dar uma volta em torno do Sol, a Terra leva 365 dias e 6 horas, ou seja, aproximadamente um ano.

O movimento de translação e a inclinação do eixo terrestre influenciam na distribuição irregular da luz e do calor do Sol nos diferentes locais do planeta ao longo do ano. Isso determina as estações do ano.

O movimento de translação

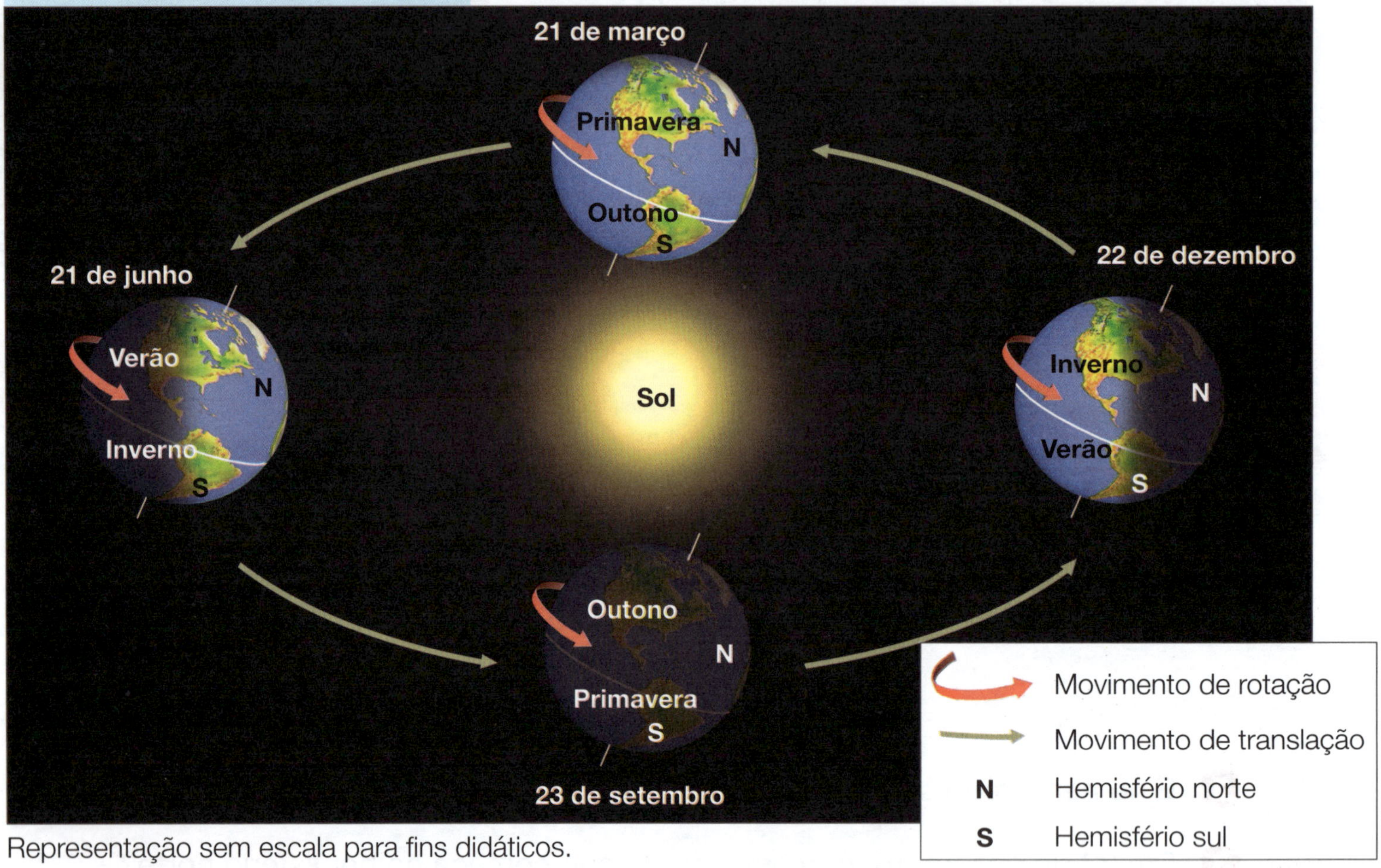

Representação sem escala para fins didáticos.

Pesquise

1. O ano 2016 é bissexto. Por quê?

___

2. Quais serão os próximos anos bissextos?

___

___

Você sabia?

A incidência da luz solar na Terra varia durante o ano, marcando as estações

Em julho, a luz solar incide mais diretamente sobre o hemisfério norte. É verão por lá. Na Groenlândia, o gelo se derrete e a vegetação cresce. Londrinos*, nova-iorquinos* e berlinenses* tomam sol nos parques.

Em janeiro, é o hemisfério sul que está mais exposto à luz solar. É verão no Brasil, na Austrália e na África. As calotas de gelo que circundam a Antártida recuam, os pássaros migram para o sul e as praias ficam cheias.

Manuela Aquino. E se... não houvesse estações? *Superinteressante*. São Paulo, ed. 190, jul. 2003.

Pessoas aproveitam o dia ensolarado em Londres, na Inglaterra, em 2013.

Cartografando

1. Em 21 de junho, o hemisfério norte está mais iluminado pelos raios solares em virtude da posição em que a Terra se encontra no espaço e de sua inclinação. Nesse hemisfério, inicia-se qual estação do ano?

____

2. E no hemisfério sul? _______________

3. Em 22 de dezembro, que estação do ano começa no hemisfério norte?

____

4. E no hemisfério sul? _______________

5. Cite dois países nos quais, no dia 21 de março, tem início a primavera.

____

6. Cite dois países nos quais, no dia 23 de setembro, tem início o outono.

____

As estações do ano no Brasil

As quatro estações do ano no Brasil não são nitidamente percebidas em todos os locais.

Quanto mais próximo à linha do Equador, menos diferenças de temperatura há entre o verão e o inverno. Em compensação, quanto mais próximo do sul do país e, portanto, mais distante da linha do Equador, mais diferenças de temperatura há entre o verão e o inverno. Já em outras regiões do Brasil, só há uma clara diferença entre uma época bem chuvosa e outra mais seca.

1

Praia no município de Jijoca de Jericoacoara, estado do Ceará, em 2013.

2

Neve no município de São José dos Ausentes, estado do Rio Grande do Sul, em 2013.

1 Em qual das fotos mostradas é possível perceber mais facilmente que é inverno?

Cartografando

Como localizar?

1 Observe o mapa.

Brasil: político

Fonte: IBGE. *Atlas geográfico ilustrado*. 6. ed. Rio de Janeiro: IBGE, 2012.

- No mapa estão representadas duas linhas imaginárias que passam pelo Brasil. Próximo a qual delas o inverno é mais frio? Por quê?

____

2 No lugar onde você vive há grande diferença de temperatura entre o inverno e o verão? Por quê?

____

____

3 Ocorrem mudanças na paisagem do lugar onde você vive no decorrer das quatro estações do ano? Quais?

____

____

O movimento aparente do Sol

Desde muito tempo, as pessoas observam que o Sol realiza todos os dias um movimento no horizonte: ele "aparece" todas as manhãs em uma determinada direção e se "põe", ao entardecer, na direção oposta.

Esse movimento do Sol é aparente. Na verdade, é a Terra que se movimenta ao redor do Sol, e não o contrário, como parece acontecer.

Observe as imagens.

Posição do Sol ao amanhecer

Posição do Sol ao entardecer

A direção onde o Sol "aparece" pela manhã denomina-se:

leste (L) ou este ou oriente

A direção onde o Sol se "põe" no fim da tarde denomina-se:

oeste (O) ou ocidente

Com base nessas direções, é possível determinar outras duas direções:

norte (N) ou setentrional ou boreal

sul (S) ou meridional ou austral

Norte, sul, leste e oeste formam os chamados **pontos cardeais**. Observe esses pontos na rosa dos ventos ao lado.

Para facilitar ainda mais a orientação, foram criados os pontos colaterais. Eles estão situados entre os pontos cardeais. Veja o quadro.

Nordeste (NE): entre norte e leste.
Noroeste (NO): entre norte e oeste.
Sudeste (SE): entre leste e sul.
Sudoeste (SO): entre oeste e sul.

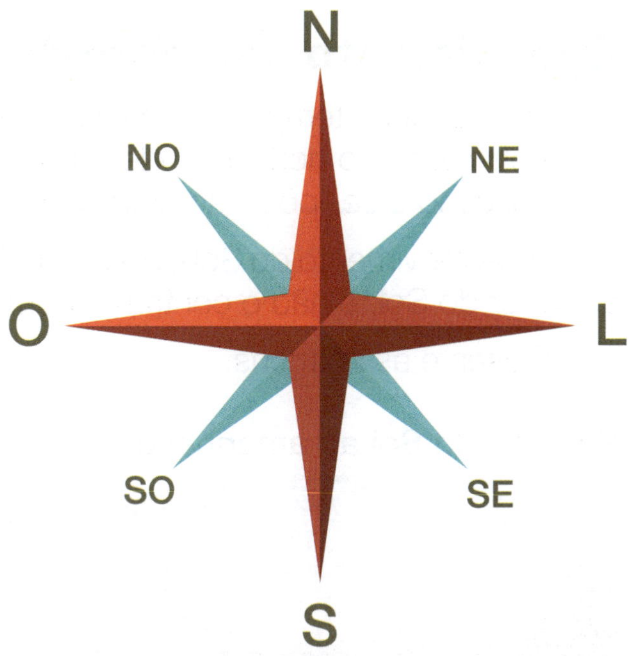

2 Observe a imagem. O ponto de referência para determinar as direções será a escola.

a) O que você observa a leste da escola?

____

b) E a oeste da escola?

____

c) E a norte da escola?

____

Ligando os pontos

1 Complete os esquemas.

Movimento da Terra ao redor do Sol. — Determina as estações do ano.

[ ]

Movimento da Terra ao redor de seu eixo imaginário. — Determina os dias e as noites.

[ ]

2 Observe a tirinha.

Mike Peters

a) Você acha que o personagem vai chegar a algum lugar? O que há de errado com o mapa dele?

____

____

b) Como você poderia ajudá-lo?

____

____

Refletindo mais

Os planetas do Sistema Solar

Quantos são os planetas do Sistema Solar? De quantos planetas você já ouviu falar? Qual é o nome deles? Os planetas realizam movimentos no espaço? Será que eles também realizam os movimentos de rotação e translação? Existe vida em outros planetas? A humanidade conseguirá chegar a todos eles?

Muitas perguntas sobre o espaço podem ser feitas. Algumas já foram respondidas por astrônomos, mediante estudos e observações com telescópios ou outros instrumentos, como sondas, satélites artificiais, radiotelescópios, entre outros.

Depois de mais de 50 anos da primeira viagem ao espaço, feita em 1961 pelo astronauta russo Yuri Gagarin, novas questões sobre o espaço ainda permanecem sem resposta.

Leia o texto.

Missões espaciais

Missões espaciais envolvem viagens por grandes distâncias ao redor da Terra ou mesmo além. Enviar pessoas ao espaço consome muito dinheiro e esforço, pois a única maneira de fazê-lo é usando um enorme foguete. Esses foguetes já levaram pessoas à Lua, sondas espaciais a outros planetas e, mais recentemente, astronautas para morar e trabalhar em estações espaciais na órbita terrestre. Para explorar outros planetas, o melhor a fazer é enviar sondas espaciais, porque elas não precisam de ar, água ou comida e nunca ficam entediadas!

Brian Williams. *Aprendendo sobre o Universo*. Trad. Silmar S. C. Anelli. São Paulo: Ciranda Cultural, 2004. p. 18.

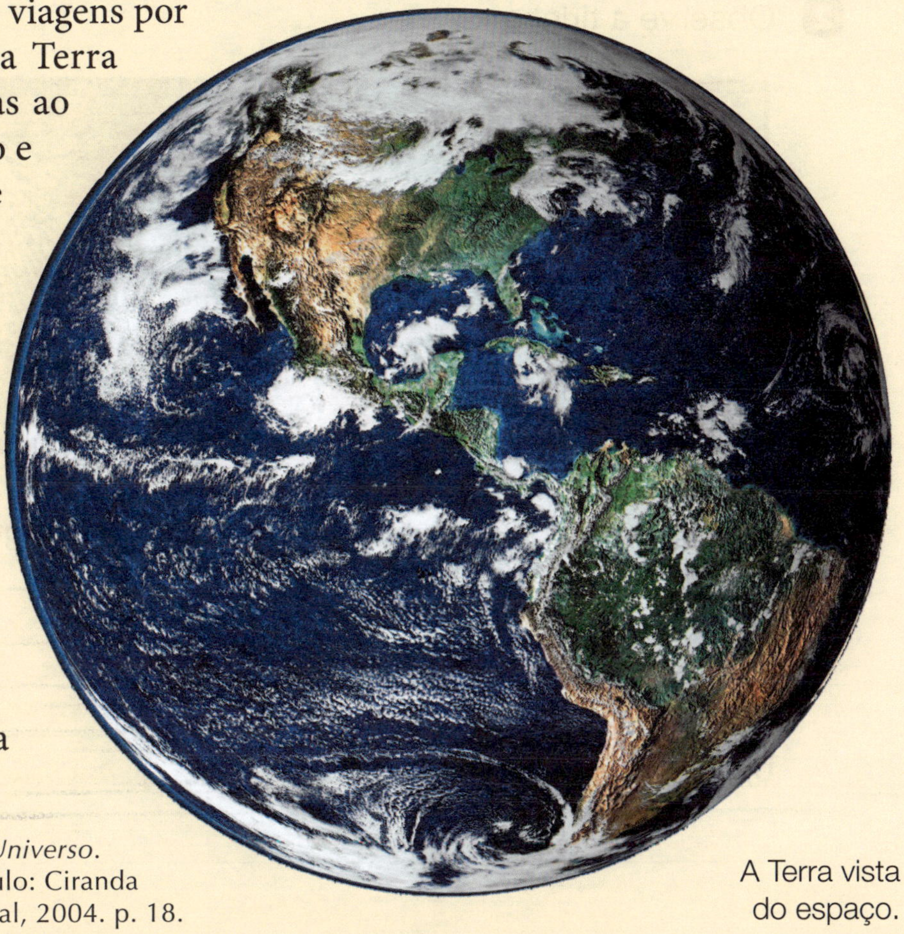

A Terra vista do espaço.

Apesar das atuais incertezas, conseguimos saber muitas coisas sobre o espaço.

Até 2005, por exemplo, considerava-se que o Sistema Solar era formado pelo Sol, por nove planetas e por diversos corpos celestes.

Em agosto de 2006, a União Astronômica Internacional, constituída por astrônomos do mundo inteiro, mudou a definição de planeta e Plutão passou a ser considerado um “planeta-anão”.

Em nova reunião, em junho de 2008, a União Astronômica Internacional determinou que Plutão deveria ser chamado “plutoide”, e não mais planeta-anão.

Observe a representação do Sistema Solar.

Nesse esquema, as órbitas e os planetas não estão representados em escala.
As cores não correspondem à realidade.

Para conhecer melhor o Sistema Solar, o professor vai orientá-los na montagem de uma maquete.

Objeto digital
- Atividade interativa

- Depois da montagem, o professor vai determinar um dos seguintes temas para seu grupo pesquisar.

Informações sobre os planetas do Sistema Solar	Importância do Sol para a vida na Terra	Viagens espaciais

Unidade 2

O Brasil e sua população

Primeiros contatos

1. O que mais chama a sua atenção ao observar a imagem?
2. Podemos considerar a população brasileira miscigenada*?

7 Quantos somos no Brasil?

> **Desafio à vista!**
>
> Qual é a população do Brasil? O que você sabe sobre ela?

Você sabe quantas pessoas moram em sua casa? Certamente sim!

E você sabe quantas pessoas moram em sua rua, em seu bairro, em seu município, em seu estado ou seu país? Agora ficou mais difícil de responder, não é? E se pensarmos em quantas pessoas vivem no mundo inteiro?

Atualmente, a população do planeta Terra é de mais de 7 bilhões de pessoas! É muita gente, não é mesmo?

Chamamos de **população absoluta** o número total de habitantes de um determinado local. Observe, no mapa a seguir, a população absoluta dos países mais populosos.

Como localizar?

Países mais populosos (2012-2013)

Fonte: ONU. Divisão de estatísticas da ONU. Disponível em: <http://mod.lk/popmundo>. Acesso em: 17 dez. 2014.

Para conhecer dados populacionais, os governos dos países realizam uma pesquisa que registra o número e as características da população. Essa pesquisa chama-se **censo demográfico** ou **recenseamento**.

No Brasil, o censo demográfico é realizado pelo Instituto Brasileiro de Geografia e Estatística (IBGE). Funcionários do IBGE fazem o levantamento das condições de vida da população, de seu nível de escolaridade, da situação do saneamento básico de suas moradias, da quantidade de habitantes nos espaços rural e urbano, entre outras informações.

1 De acordo com o mapa da página anterior, qual era a população brasileira em 2012-2013?

2 Por que o censo demográfico é importante?

Cartografando

O gráfico a seguir mostra o crescimento da população mundial.

Crescimento da população mundial (em bilhões de habitantes)

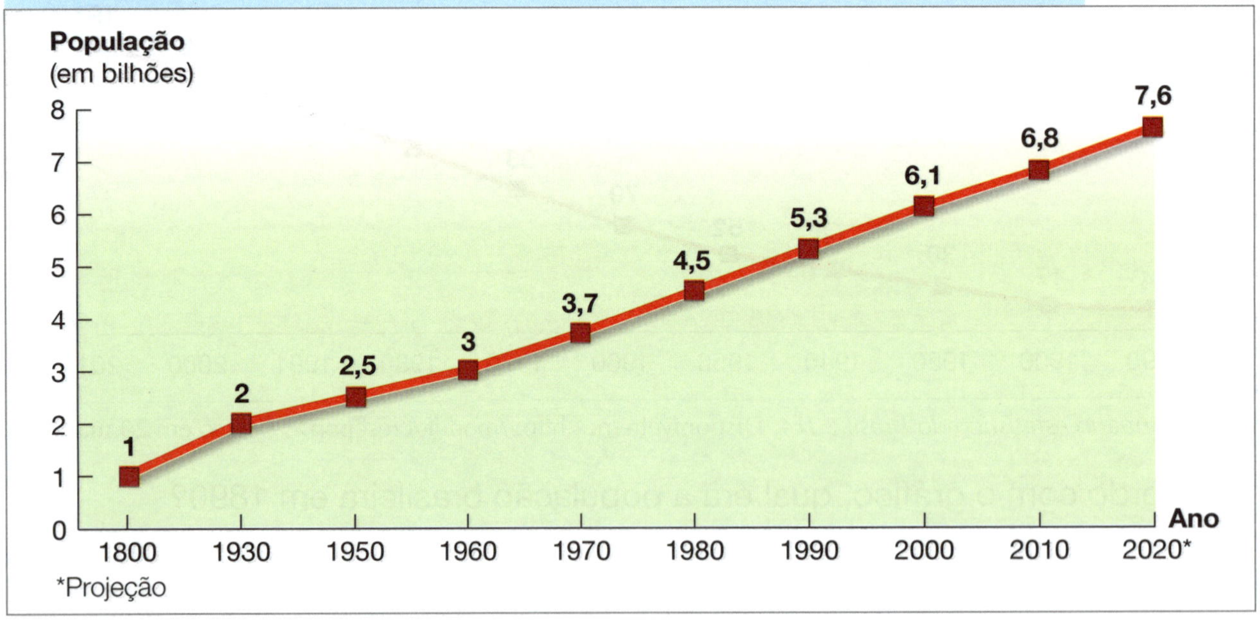

Fonte: United States Census Bureau. Disponível em: <http://mod.lk/censopop> Acesso em: 17 dez. 2014.

1 Qual era a população mundial em 1800?

2 Considerando o ano de 1800, quanto tempo foi necessário para a quantidade da população mundial dobrar?

3 A partir de 1930, em quanto tempo a quantidade da população mundial aumentou em cerca de 1 bilhão de pessoas?

4 Quais são as possíveis consequências do rápido crescimento da população mundial? Converse com os colegas e o professor sobre isso.

O crescimento da população do Brasil

Como você estudou, o Brasil é um dos países mais populosos. A população brasileira tem crescido ao longo das últimas décadas.

A população de um país cresce quando:

- o número de nascimentos supera o número de mortes, ocorrendo crescimento natural;
- mais pessoas entram no país (imigrantes) do que saem (emigrantes), gerando um saldo migratório positivo.

Cartografando

O gráfico a seguir mostra o crescimento da população brasileira.

Crescimento da população brasileira (em milhões de habitantes)

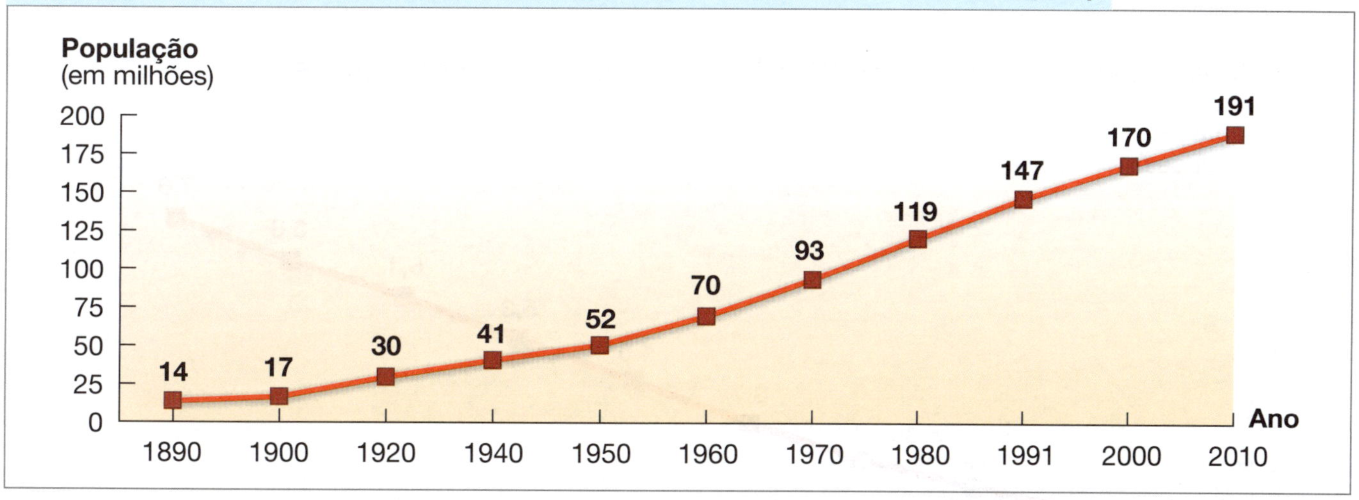

Fonte: IBGE. *Anuário estatístico do Brasil 2014*. Disponível em: <http://mod.lk/crescpop>. Acesso em 29 maio 2015.

1. De acordo com o gráfico, qual era a população brasileira em 1890?

___

2. O que ocorreu com a população do Brasil de 1890 até 1970?

___

3. Quanto a população brasileira cresceu entre 2000 e 2010?

___

4. Entre quais décadas o ritmo de crescimento da população foi maior?

___

___

Mudanças recentes na população brasileira

Apesar de a população brasileira continuar crescendo nos últimos anos, o ritmo de crescimento tem diminuído. Um dos principais motivos que explicam essa redução é o fato de as mulheres brasileiras passarem a ter menos filhos.

Observe o gráfico ao lado. Ele mostra que a taxa de fecundidade, que corresponde ao número médio de filhos por mulher, diminuiu no Brasil ao longo do tempo.

Taxa de fecundidade no Brasil

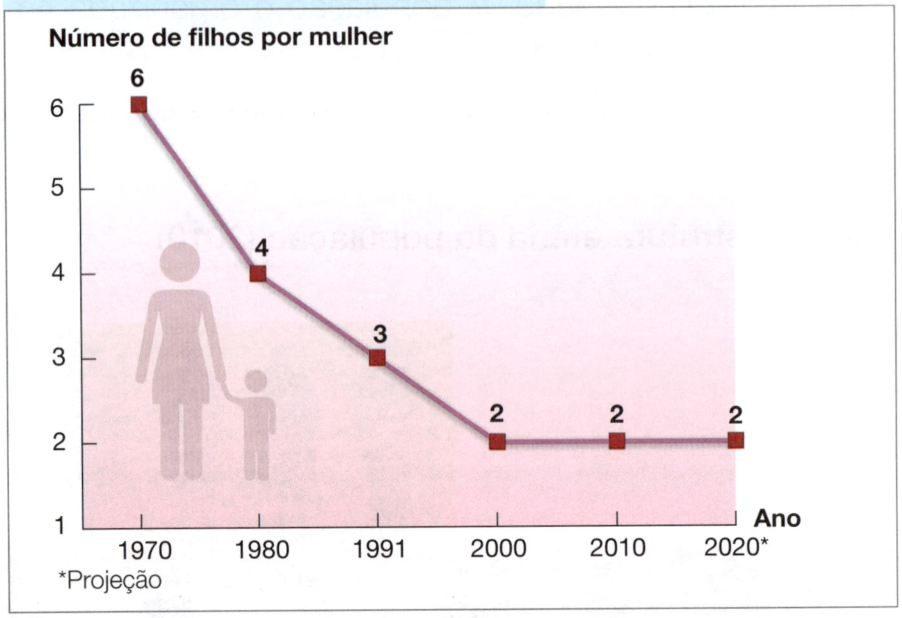

Fontes: IBGE. *Anuário estatístico do Brasil 2014*. Rio de Janeiro: IBGE, 2015. Disponível em: <http://mod.lk/aeb_2014>; IBGE. *Séries históricas e estatísticas*. Disponível em: <http://mod.lk/vida_br>. Acesso em: 2 jun. 2015.

Já a esperança de vida da população brasileira, isto é, o tempo médio de vida das pessoas, vem aumentando. Observe, no gráfico ao lado, que a esperança de vida do brasileiro vem aumentando com o passar do tempo.

Esperança de vida ao nascer no Brasil

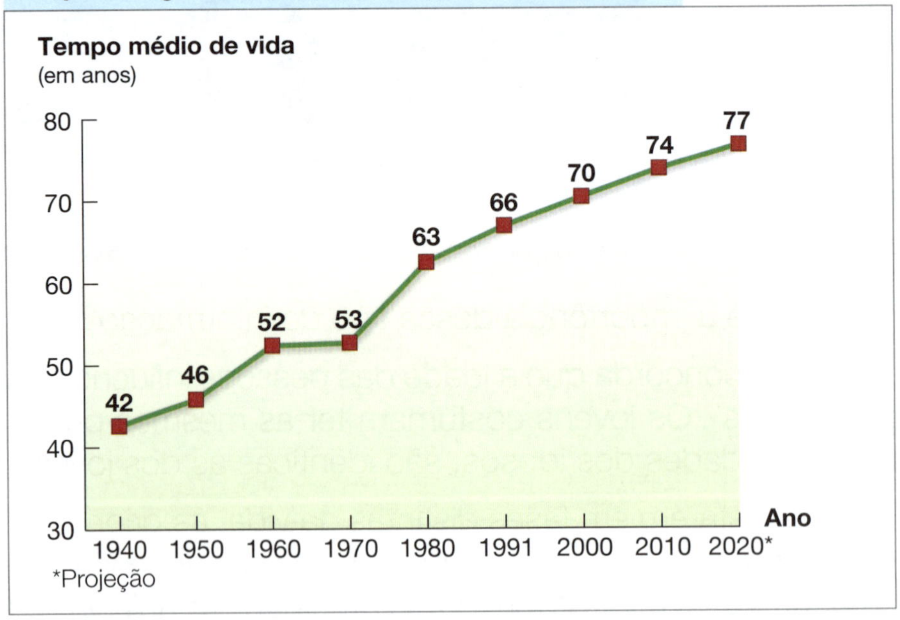

Fontes: IBGE. *Anuário estatístico do Brasil 2014*. Rio de Janeiro: IBGE, 2015. Disponível em: <http://mod.lk/aeb_2014>; IBGE. *Séries históricas e estatísticas*. Disponível em: <http://mod.lk/vida_br>. Acesso em: 2 jun. 2015.

3 Qual era o número médio de filhos da mulher brasileira em 2010?

4 Qual era a esperança de vida ao nascer do brasileiro em 2010?

5 Em sua opinião, por que as mulheres brasileiras têm tido menos filhos? Por que a população brasileira tem vivido mais? Converse com os colegas e o professor sobre isso.

A estrutura etária de uma população

A estrutura etária corresponde à distribuição da população de acordo com o critério de idade. A população é organizada em três faixas etárias principais: jovens, adultos e idosos.

Observe o gráfico a seguir. Ele mostra a estrutura etária da população brasileira.

Brasil: estrutura etária da população (2010)

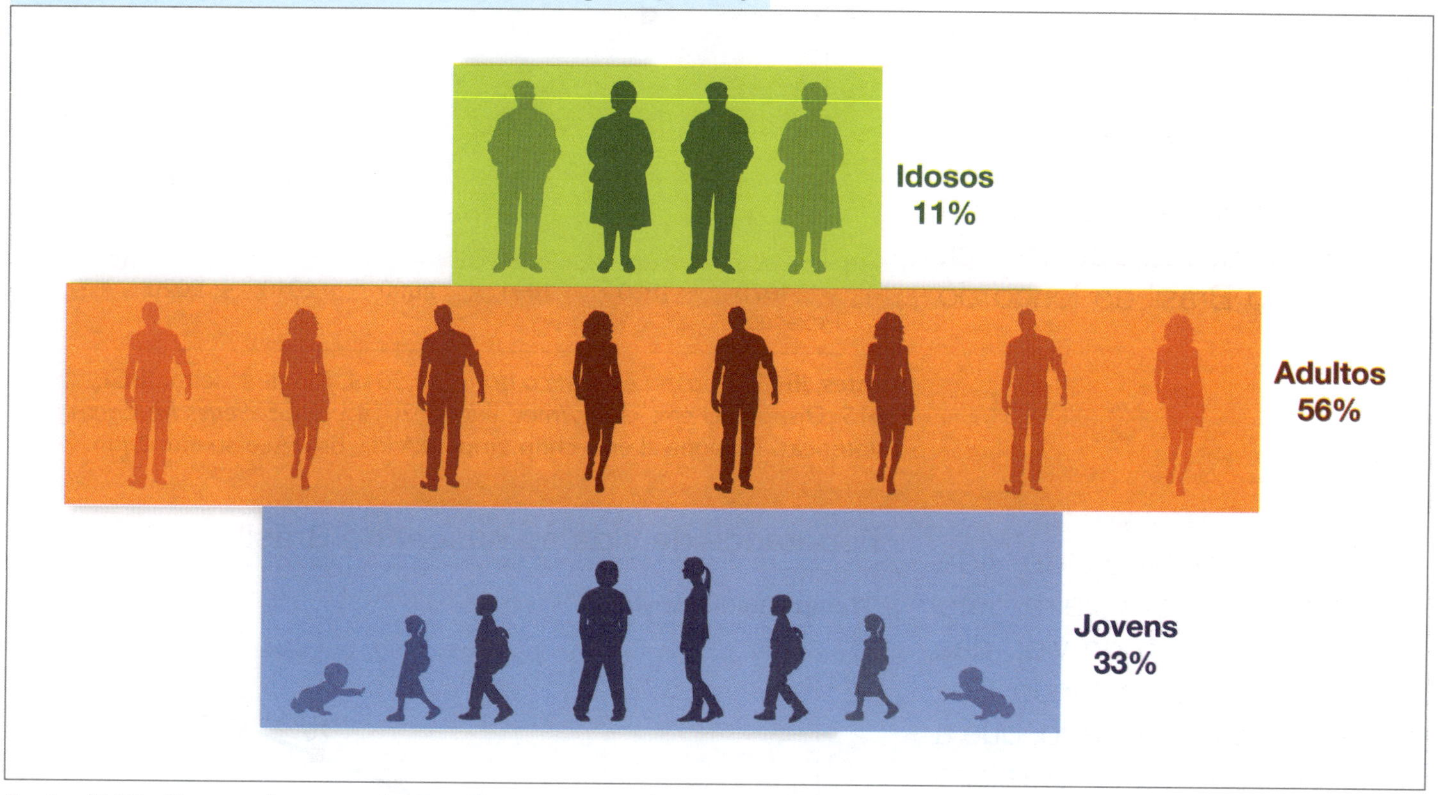

Fonte: IBGE. *Sinopse do censo demográfico 2010*. Rio de Janeiro: IBGE, 2011.

Qual é a importância desse tipo de informação?

Você concorda que a idade das pessoas influencia diretamente em suas prioridades? Os jovens costumam ter as mesmas prioridades dos adultos? E as prioridades dos idosos, são idênticas às dos jovens?

Objeto digital
- Atividade: *Conhecendo a atual população brasileira*

Por estarem em fases distintas da vida, as prioridades das pessoas são diferentes. Por exemplo, as prioridades dos jovens estão relacionadas aos estudos. Já os adultos têm como prioridade arranjar emprego e trabalhar. Por fim, os idosos têm como prioridade o direito à aposentadoria.

6 Qual faixa etária costuma sustentar financeiramente a população de jovens e de idosos?

7 Em sua opinião, quais são as demais prioridades para cada faixa etária da população?

Cartografando

1 Observe o mapa.

População de idosos e jovens por regiões (2010)

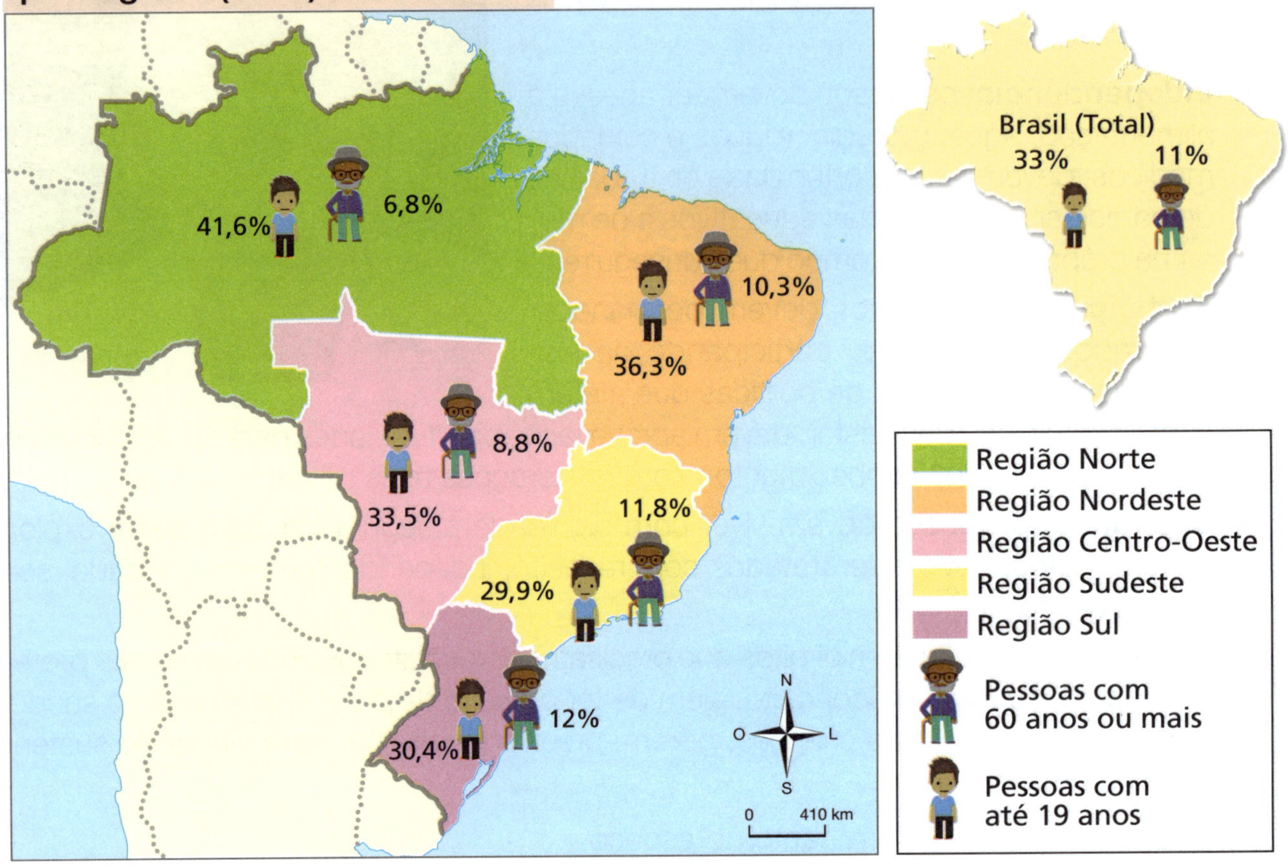

Fonte: IBGE. *Sinopse do censo demográfico* 2010. Rio de Janeiro: IBGE, 2011.

a) De acordo com o mapa, qual é a porcentagem de idosos e a porcentagem de jovens na região onde você vive?

b) Qual região apresenta a maior porcentagem de jovens? E qual região apresenta a menor porcentagem de jovens?

c) Qual região apresenta a maior porcentagem de idosos? E qual região apresenta a menor porcentagem de idosos?

2 O quadro ao lado mostra a participação dos idosos no total da população, de acordo com os dois últimos censos demográficos.

- O aumento da população idosa causa alguma consequência para nosso país? Converse com os colegas e o professor e anote suas conclusões no caderno de Geografia.

Ano	Participação dos idosos no total da população
2000	8,5%
2010	11%

Fonte: IBGE. *Sinopse do censo demográfico 2010*. Rio de Janeiro: IBGE, 2011.

Você sabia?

Os direitos dos idosos e das crianças

Os idosos têm direitos estabelecidos pela Organização das Nações Unidas (ONU). Conheça alguns desses direitos.

- **Independência:** os idosos devem ter acesso a alimentação, água, moradia, roupas e cuidados médicos; devem ter a oportunidade de trabalhar, de participar de programas educativos e de morar na própria casa pelo tempo que conseguirem.
- **Participação:** os idosos devem permanecer integrados à sociedade, participando da elaboração e da aplicação de políticas que afetem diretamente o seu bem-estar; devem aproveitar as oportunidades para servir à comunidade e compartilhar seus conhecimentos com as gerações mais novas.
- **Dignidade:** os idosos devem viver com dignidade e segurança, sem sofrer exploração e maus-tratos; devem ser tratados com respeito, independentemente de idade, sexo ou origem étnica.

As crianças também têm direitos que precisam ser respeitados. Elas devem ser protegidas contra qualquer tipo de preconceito, além de ter o direito de crescer com afeto e saúde e de frequentar a escola. Muitas crianças, porém, precisam trabalhar para ajudar no sustento da família e param de estudar.

O trabalho infantil ocorre tanto no espaço urbano como no rural. No espaço urbano, as crianças realizam diversas atividades, como vender doces nas ruas, vigiar carros e engraxar sapatos. No espaço rural, geralmente as crianças trabalham no plantio e na colheita de produtos agrícolas, como laranja, tomate, algodão e cana-de-açúcar.

Menino de 10 anos de idade aguarda clientes para engraxar sapatos no município de São Paulo, estado de São Paulo, em 2013.

Ligando os pontos

O Brasil é considerado um país populoso. Atualmente, a população brasileira é de pouco mais de 200 milhões de pessoas.

1 **Justifique a frase acima, listando em ordem decrescente os cinco países mais populosos.**

____

____

2 **Observe o quadro ao lado, que mostra a população absoluta das regiões brasileiras.**

Região	População absoluta
Norte	15.864.454
Nordeste	53.081.950
Sudeste	80.364.410
Sul	27.386.891
Centro-Oeste	14.058.094

Fonte: IBGE. *Sinopse do censo demográfico 2010*. Rio de Janeiro: IBGE, 2011.

a) Qual região apresenta a maior população?

____

b) Qual região apresenta a menor população?

____

c) Qual é a população da região onde você vive?

____

3 **Conversem com uma pessoa que tenha mais de 60 anos para saber um pouco sobre ela. Vocês podem conversar sobre:**

- ✔ trabalho;
- ✔ atividades de lazer;
- ✔ convivência com a família e com os amigos;
- ✔ atendimento médico;
- ✔ alegrias e tristezas relacionadas à idade.

- Anotem as informações no caderno. Depois, o professor escolherá alguns registros para ser apresentados aos colegas.

8 A distribuição da população brasileira

O Brasil é um país extenso e populoso.

Observe o mapa.

Desafio à vista!

Será que a população brasileira está distribuída igualmente pelo país?

Densidade demográfica por unidade da federação (2014*)

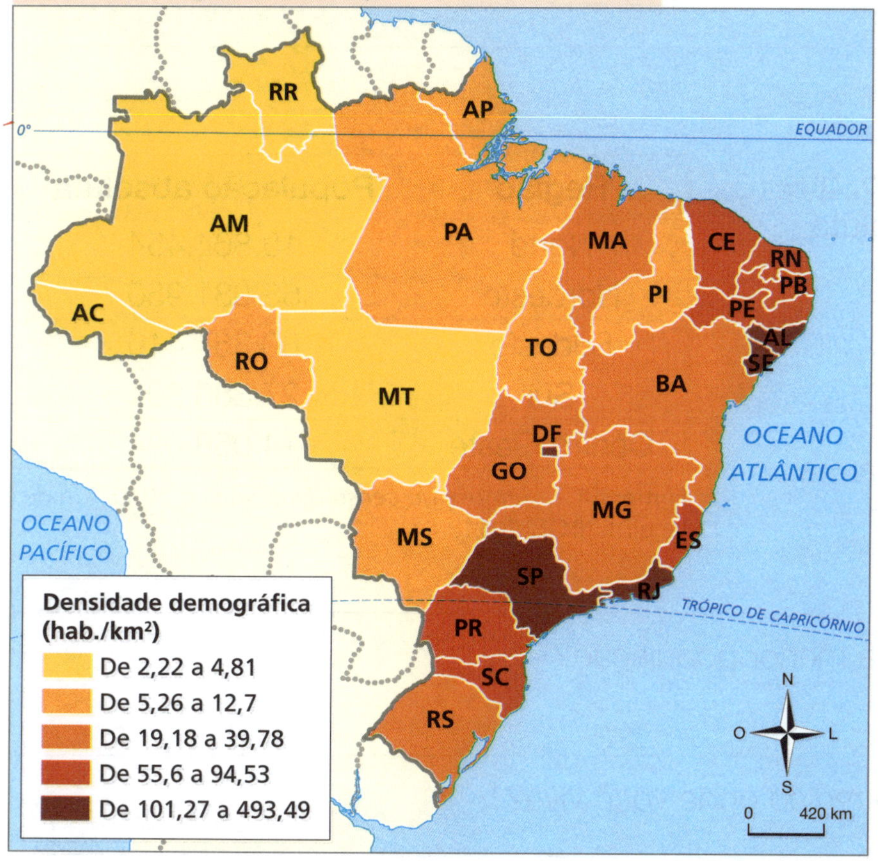

* Estimativa da população para 1º de julho de 2014, de acordo com o IBGE.

Fonte: IBGE. *Estimativa da população residente nos municípios brasileiros com data de referência em 1º de julho de 2014.* Disponível em: <http://mod.lk/pop>. Acesso em: 16 jan. 2014.

Esse mapa mostra a densidade demográfica de cada estado brasileiro.

Você sabe o que é densidade demográfica?

A **densidade demográfica** corresponde ao número de habitantes por quilômetro quadrado de um determinado local. Ela é obtida dividindo-se o número da população absoluta desse local pela sua extensão territorial.

$$\text{Densidade demográfica} = \frac{\text{população absoluta}}{\text{extensão territorial}} = \text{nº de habitantes/km}^2$$

Veja como calculamos a densidade demográfica do Brasil com dados de 2014.

$$\text{Densidade demográfica do Brasil} = \frac{202.768.562 \text{ hab.}}{8.515.996 \text{ km}^2} = 23{,}8 \text{ hab./km}^2$$

Com base na densidade demográfica, de um país, por exemplo, podemos saber se esse país é muito ou pouco povoado.

Cartografando

Objeto digital
• Atividade interativa

Como localizar?

1 Observe novamente o mapa da página anterior.

a) Qual é a densidade demográfica da unidade federativa onde você vive?

b) Quais são as unidades federativas mais povoadas?

c) Quais são as unidades federativas menos povoadas?

2 Avalie as informações do quadro e responda.

Unidade federativa	Área (km^2)	População absoluta*	Densidade demográfica (hab./km^2)*
Goiás	340.111	6.523.222	19,1
Rio de Janeiro	43.777	16.461.173	376
Amazonas	1.559.148	3.873.743	2,4
Bahia	564.733	15.126.371	26,7

* Estimativa da população para 1º de julho de 2014, de acordo com o IBGE.

Fonte: IBGE. *Estimativa da população residente nos municípios brasileiros com data de referência em 1º de julho de 2014*. Disponível em: <http://mod.lk/pop>. Acesso em: 16 jan. 2014.

a) Qual dessas unidades federativas é a mais populosa?

b) E qual é a menos populosa?

c) Qual dessas unidades federativas é a mais povoada?

d) Qual dessas unidades tem a maior área territorial? Essa unidade também é a mais populosa?

Os movimentos da população

Objeto digital
• Atividade interativa

No Brasil, é muito comum uma pessoa ou uma família inteira não viver na unidade federativa onde nasceu. Essas pessoas são conhecidas como migrantes, pois saem de sua terra natal, geralmente em busca de melhores condições de vida, como trabalho, escolas e outros serviços. Ao migrar, cada pessoa traz consigo uma história repleta de sonhos e desafios.

Leia a história de uma migrante.

Aprendendo a conviver

Cheguei aqui em São Paulo muito assustada. Eu nunca tinha visto um céu cinzento, tanta gente e tanto viaduto. Passei pelo viaduto São João, estava um frio miserável e saía fumaça da boca das pessoas. Nunca tinha visto aquilo. Cheguei na estação da Luz e pedi para o motorista qualquer preço para ele me levar de volta, mas não tinha nem um real. [...] Arrumei um emprego na casa de uma pessoa, mas nunca tinha visto um aspirador de pó. Liguei o aparelho ao contrário, voou pó para todo lado, a mulher tomou da minha mão, eu chorei muito. [...] Então, me levaram para um lugar, acho que é São Bernardo, não sei, onde o pão era desse tamanho. Eu ficava muito assustada, a vida ali não tinha nada a ver com a vida que eu vivia. [...] Aqui em São Paulo eu sofri muito. Trabalhei em uma casa em Santana onde a mulher falou assim pra mim: "aqui dorme-se no chão, não tem cama no quarto de empregadas". Eu era recém-chegada, tinha trabalhado apenas em uma casa e poucos dias. Dormi no chão, forrado de jornal e aquilo era muito ruim. [...] Hoje eu trabalho como recepcionista. Fico na recepção do Museu de Santo André. Já estou lá há quase oito anos. Sou funcionária pública há 22 anos. Demorei muito para conseguir esse cargo.

Migrantes chegando à rodoviária no município de São Paulo, estado de São Paulo, em 1981.

Eliete Soares da Cunha Rego Motta em depoimento para o Museu da Pessoa. Disponível em: <http://mod.lk/eliete>. Acesso em: 12 jan. 2015.

1 O que Eliete nunca tinha visto quando chegou à São Paulo?

____

____

2 Como você avalia a condição de migrante descrita por Eliete?

Cartografando

Os atuais movimentos migratórios no Brasil apresentam características diferentes dos movimentos migratórios do passado, quando uma enorme quantidade de pessoas deixou a Região Nordeste com destino à Região Sudeste. Atualmente, esse fluxo diminuiu bastante.

Observe o mapa a seguir.

Como localizar?

Brasil: fluxo migratório (2010)

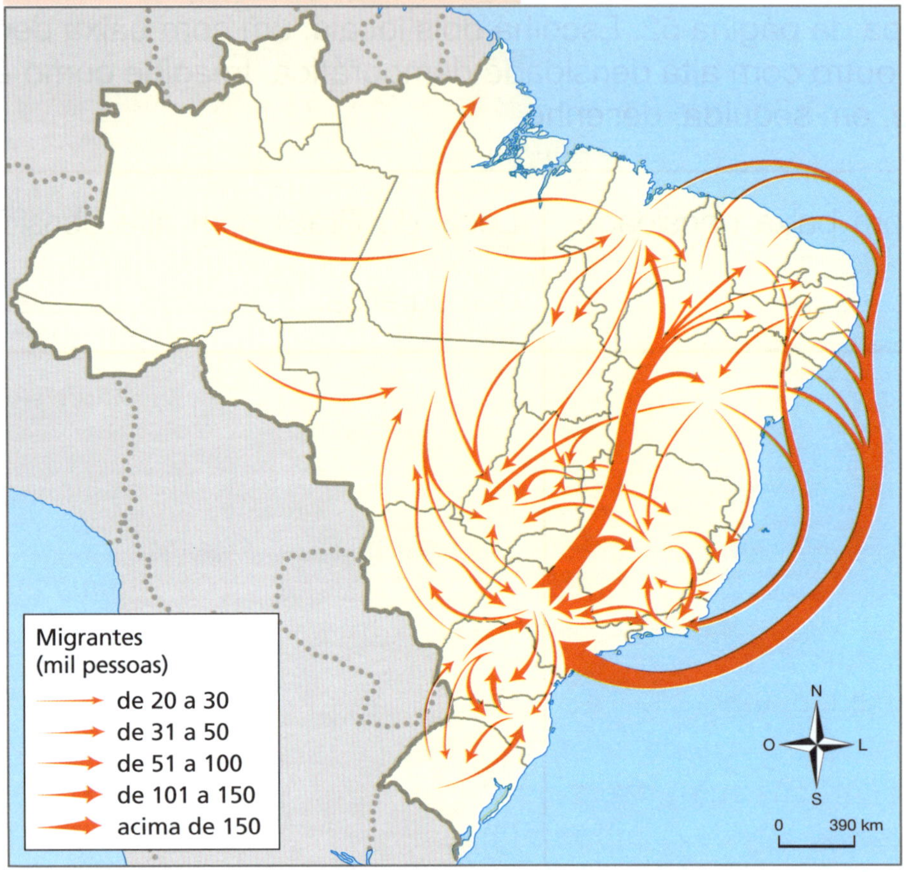

Fonte: Graça Maria Lemos Ferreira. *Atlas geográfico*: espaço mundial. 4. ed. São Paulo: Moderna, 2013.

1 Em 2010, para qual estado da Região Sudeste se dirigiu a maior parte dos migrantes vindos da Região Nordeste?

____

2 Qual é o outro fluxo de migrantes que chama a atenção ao se observar o mapa?

____

____

- Em sua opinião, por que esse fluxo migratório tem sido marcante?

Ligando os pontos

1 A população brasileira está igualmente distribuída pelo território brasileiro. Essa afirmativa está correta ou incorreta? Justifique.

____

____

2 Consulte o mapa da página 52. Escolha dois locais: um com baixa densidade demográfica e outro com alta densidade demográfica. Imagine como é viver nesses locais e, em seguida, desenhe.

Local do Brasil com baixa densidade demográfica: ____________	Local do Brasil com alta densidade demográfica: ____________

- Apresente os desenhos para o professor e os colegas.

3 O professor vai organizar a classe em grupos. Cada grupo deverá planejar um esquete que tenha como tema central:

a) um migrante chegando a uma localidade distante de sua terra natal e procurando emprego.

b) um migrante voltando a sua terra natal depois de ter vivido muito tempo em outra localidade.

- Ao final, todos os grupos devem apresentar o esquete para os colegas.

9 A população brasileira e o trabalho

Desafio à vista!

Quais tipos de trabalho são realizados pela população brasileira?

Você já parou para pensar que muitos objetos que estão à nossa volta resultam do trabalho de várias pessoas? O trabalho faz parte da cultura de uma população e envolve uma grande variedade de atividades e de profissionais.

Algumas pessoas trabalham e recebem salário, isto é, são remuneradas. Todos os países apresentam uma parcela da população que exerce atividades econômicas e outra que não exerce. Assim, podemos classificar a população de um país como:

- **População economicamente ativa (PEA):** composta de pessoas que estão empregadas e recebem remuneração pelo trabalho que exercem ou que estão à procura de emprego.
- **População economicamente inativa (PEI):** composta de pessoas que não trabalham de forma remunerada, por exemplo, as donas de casa, os estudantes e os aposentados.

Professora trabalhando em escola no município de Lençóis, estado da Bahia, em 2014.

1 Converse com alguns adultos e idosos que convivem com você. Pergunte a eles o nome, a idade e a atividade profissional que exercem. Depois, preencha o quadro a seguir com as informações obtidas.

Nome	Idade	Atividade exercida	Faz parte da população economicamente	
			Ativa	Inativa

O trabalho e os setores da economia

As atividades econômicas realizadas pelas pessoas costumam ser agrupadas em três setores. Vamos conhecer cada um deles.

- **Setor primário:** corresponde às atividades relacionadas à agricultura, à pecuária, ao extrativismo vegetal, mineral e animal, além da silvicultura (atividade ligada ao plantio de árvores, que, geralmente, são comercializadas).

Trabalhador em plantação de algodão no município de Paranapanema, estado de São Paulo, em 2011.

- **Setor secundário:** corresponde às atividades relacionadas à indústria e à construção civil (construção de casas, prédios, pontes, estradas). Nesse setor, utilizam-se as matérias-primas obtidas no setor primário, que são transformadas em produtos industrializados. A indústria têxtil, a automobilística e a alimentícia são alguns exemplos de indústrias do setor secundário.

Trabalhador em indústria têxtil no município de Montes Claros, estado de Minas Gerais, em 2013.

- **Setor terciário:** corresponde às atividades relacionadas ao comércio e à prestação de serviços. Os bancários, os funcionários públicos, os comerciantes, os professores e os profissionais liberais, como médicos, advogados e arquitetos, são alguns exemplos de trabalhadores do setor terciário.

Trabalhadoras em loja de roupas atendem a clientes no município de São Paulo, estado de São Paulo, em 2012.

2 Observe os quadros a seguir e classifique as profissões de acordo com os três setores da economia.

Objeto digital
• Atividade interativa

Profissão	Setor da economia
Médico	
Garimpeiro	
Vendedor	
Pescador	
Mecânico	

Profissão	Setor da economia
Motorista	
Agricultor	
Metalúrgico	
Professor	
Bombeiro	

3 Observe o gráfico e responda.

Brasil: distribuição dos trabalhadores pelos setores da economia (em %)

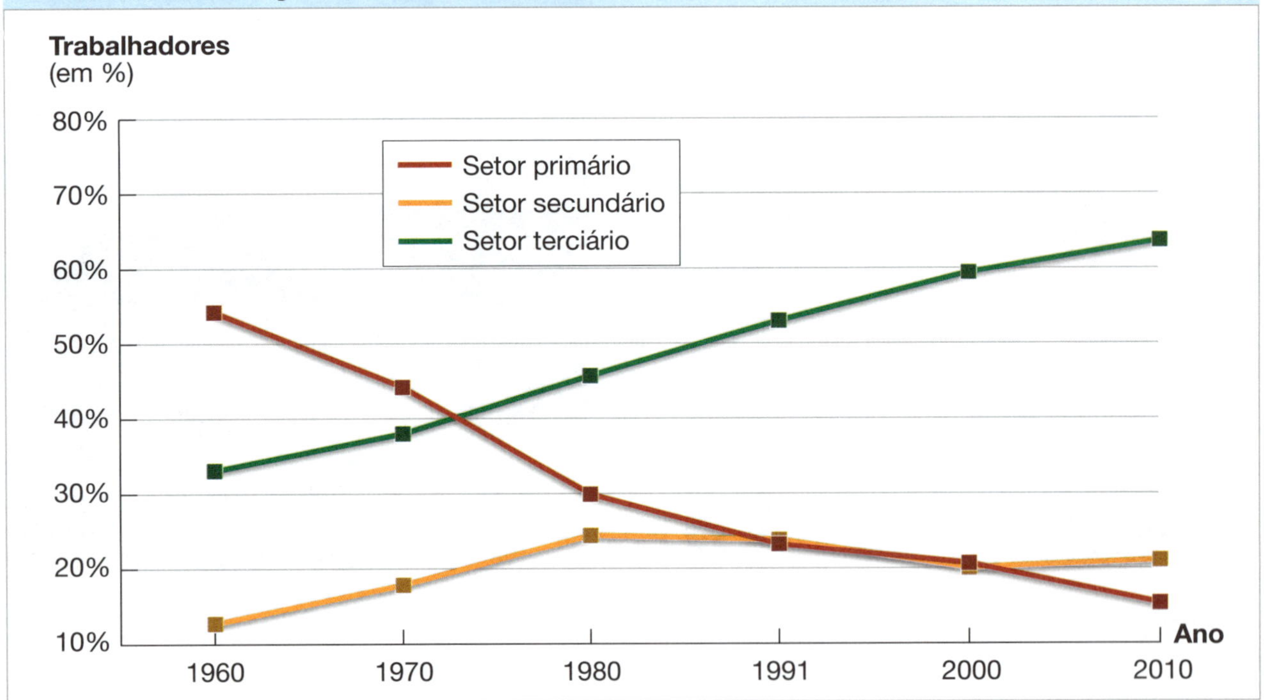

Fonte: IBGE. *Sidra*. Disponível em: <http://mod.lk/sidra>. Acesso em: 14 jan. 2015.

a) Em que ano o setor secundário apresentou seu maior índice?

____

b) Qual setor da economia vem decrescendo ao longo dos anos?

____

c) Qual setor da economia vem crescendo significativamente?

____

Ligando os pontos

1 Observe as fotos abaixo e assinale se elas representam a população economicamente ativa (PEA) ou a população economicamente inativa (PEI).

☐ PEA ☐ PEI

☐ PEA ☐ PEI

☐ PEA ☐ PEI

☐ PEA ☐ PEI

2 Observe novamente as fotos da página 58, que exemplificam as atividades dos setores primário, secundário e terciário. Escolha uma delas e imagine-se realizando essa atividade. Descreva como é o dia a dia de trabalho.

3 Em sua opinião, por que os empregos no setor primário estão diminuindo significativamente?

4 Em sua opinião, por que os empregos no setor terciário estão crescendo significativamente?

- Compartilhe suas respostas com o professor e os colegas.

10 Os povos indígenas e a formação da população brasileira

De acordo com o Instituto Socioambiental, estima-se que, na época da chegada dos colonizadores portugueses às terras que formariam o Brasil, existiam de 2 a 4 milhões de indígenas. Depois de mais de 500 anos de ocupação das terras, de guerras e de doenças, a população indígena foi reduzida drasticamente.

Atualmente, vivem no Brasil cerca de 800 mil indígenas, que representam 0,4% da população brasileira.

Ao longo do tempo, os indígenas influenciaram diversos hábitos da população brasileira.

Leia o texto a seguir.

Desafio à vista!

O povo brasileiro é resultado da miscigenação de indígenas, africanos, europeus e asiáticos. Essa frase é verdadeira?

O trabalho indígena

O índio é um sujeito trabalhador. Muitas vezes se diz que o índio é moroso para o trabalho, ou seja, preguiçoso. Essa afirmação é uma injustiça para com os povos indígenas. Na verdade, tal ideia foi posta na cabeça das pessoas pelos colonizadores, que queriam forçar o índio a trabalhar a fim de produzir para eles. Depois que estes perceberam que os índios não estavam acostumados a ser mandados, inventaram essas ideias a respeito deles. Dessa maneira os colonizadores podiam caçar e matar os índios que não se adaptassem ao ritmo do trabalho escravo. Na realidade, o povo indígena consome um enorme número de horas realizando atividades ligadas à sua autossustentação, tradição e cultura. Quando um não índio fala de trabalho, pensa logo em acúmulo de dinheiro e bens; quando é um índio que fala, ele está pensando no seu sustento e no sustento das pessoas que estão sob sua responsabilidade. Portanto, o índio não tem necessidade de acumular bens para ficar mais rico. Ao contrário, o sinal de riqueza numa comunidade indígena é a generosidade: quanto mais generoso for o chefe de família, mais rico ele é considerado na tribo.

[...] É importante frisar, ainda, que não existe muita especialização para o trabalho entre os índios. Ou seja, cada índio sabe fazer de tudo, não havendo um que saiba mais do que o outro.

Daniel Munduruku. *Histórias de índios*. São Paulo: Companhia das Letrinhas, 2000. p. 58.

O autor do texto que você leu é Daniel Monteiro Costa, que tem o nome indígena de Daniel Munduruku. Ele nasceu em Belém, estado do Pará, e frequentou escola religiosa. Daniel estudou as questões indígenas e o povo Munduruku, do qual faz parte.

Aldeia Munduruku no estado do Pará, em 2014.

1 Por que muitos indígenas foram mortos pelos colonizadores?

____

____

2 De acordo com o texto da página anterior, qual é o sinal de riqueza em uma comunidade indígena?

____

____

____

3 Ainda de acordo com esse texto, os indígenas se especializam em um só trabalho?

____

Influências das culturas indígenas em nossa vida

[...] Não importa onde se viva, qualquer brasileiro já teve contato com uma infinidade de palavras de origem indígena, sobretudo da língua tupi-guarani [...], como carioca, jacaré, jabuti, arara, igarapé, capim, guri, caju, maracujá, abacaxi, canoa, pipoca e pereba.

Mas não foi só na língua portuguesa que tivemos influência indígena. Sua herança e contribuição para a formação da cultura brasileira vai além: passa da comida à forma como nos curamos de doenças. Os índios, através de sua forte ligação com a floresta, descobriram nela uma variedade de alimentos, como a mandioca (e suas variações, como a farinha, o pirão, a tapioca, o beiju e o mingau), o caju e o guaraná, utilizados até hoje em nossa alimentação. Esse conhecimento das populações indígenas em relação às espécies nativas é fruto de milhares de anos de conhecimento da floresta. Lá, eles experimentaram o cultivo de centenas de espécies como o milho, a batata-doce, o cará, o feijão, o tomate, o amendoim, o tabaco, a abóbora, o abacaxi, o mamão, a erva-mate e o guaraná.

Outro benefício que herdamos da intensa relação dos índios e a floresta é em relação às plantas e ervas medicinais. O conhecimento da flora e das propriedades das plantas os fez utilizá-las no tratamento de doenças. [...]

O artesanato também não fica de fora. Bolsas trançadas com fios e fibras, enfeites e ornamentos com penas, sementes e escamas de peixe são utilizados em diversas regiões do país, que sequer têm proximidade com uma aldeia indígena.

Indígena preparando beiju no Parque Indígena do Xingu, estado do Mato Grosso, em 2012.

Influência da cultura indígena em nossa vida vai de nomes à medicina. *Globo ecologia*. Disponível em: <http://mod.lk/indigena>. Acesso em: 15 jan. 2015.

Pesquise

Você e seus colegas pesquisarão informações sobre a influência indígena na cultura brasileira. O professor definirá um povo indígena para cada grupo pesquisar. O grupo deve pesquisar informações sobre moradias, utensílios, alimentação, artesanato, lendas, brincadeiras, danças e festas típicas.

11 Os povos africanos e a formação da população brasileira

Muitos africanos de diferentes povos foram trazidos para as terras que formariam o Brasil e para outras colônias do continente americano. Cada povo tinha hábitos, cultura e características físicas específicas.

Os africanos eram capturados e presos em diferentes regiões da África e viajavam em porões de navios. Isso caracterizou um tipo de migração forçada. O trabalho escravo realizado por africanos predominou por quase 400 anos. A abolição da escravatura no Brasil ocorreu em 1888 e, desde então, os descendentes dos africanos escravizados vêm ampliando a luta por seus direitos.

Estimativas revelam que, do século XVI ao XIX, entraram no Brasil mais de 4 milhões de africanos. De acordo com o IBGE, em 2010, a população negra, aquela composta de pessoas que se declaram pretas ou pardas, era de aproximadamente 97 milhões de pessoas.

Observe o mapa a seguir.

Áreas de origem dos africanos escravizados e portos de desembarque no Brasil (séculos XVI ao XIX)

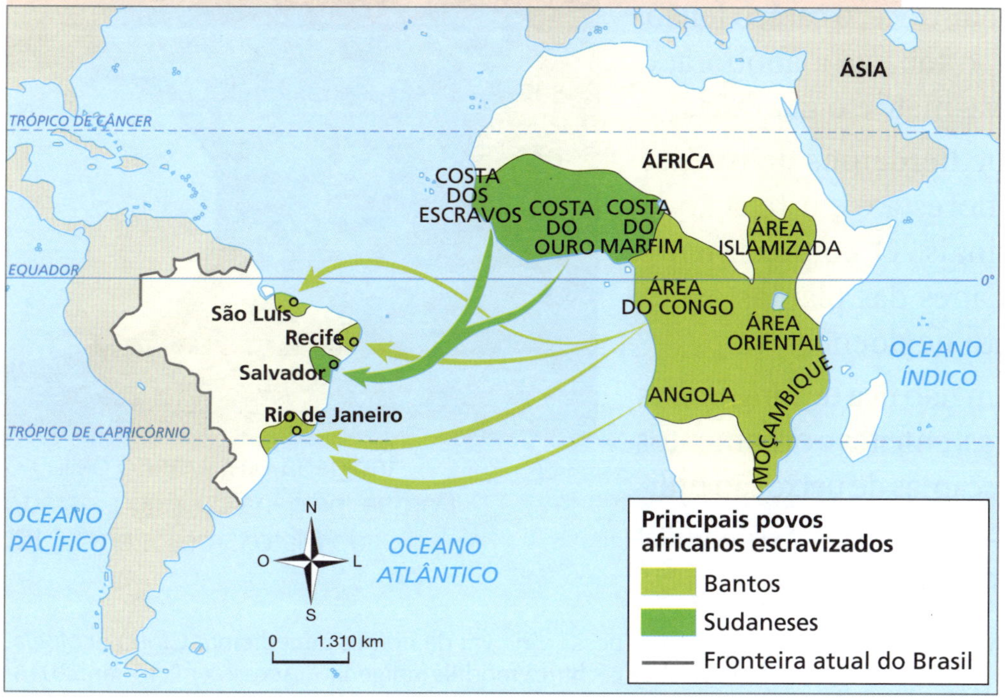

Fonte: Francisco M. Salzano; Newton Freire-Maia. Populações brasileiras: aspectos demográficos, genéticos e antropológicos. Em: Melhem Adas. *Panorama geográfico do Brasil*. 3. ed. São Paulo: Moderna, 1998.

1 De acordo com o mapa, quais povos africanos foram trazidos para o Brasil?

____

2 No período do tráfico de escravos, onde os africanos desembarcavam em terras brasileiras?

____

Influências das culturas africanas em nossa vida

Os europeus trouxeram os africanos para trabalhar e servir nas grandes plantações e nas cidades, mas eles e seus descendentes fizeram muito mais que plantar, explorar as minas e produzir riquezas materiais. Tiveram um papel civilizador, foram ativos, criadores, visto que transmitiram à sociedade em formação elementos valiosos de sua cultura. Nos engenhos, os escravos aprenderam e aperfeiçoaram técnicas de fabrico e tornaram-se mestres de açúcar famosos. Muitas das práticas de criação de gado eram de origem africana. Também os instrumentos usados pelos ferreiros. As técnicas de mineração do ferro no Brasil foram criadas e aperfeiçoadas pelos africanos. Isso mostra que o escravismo não se beneficiou apenas das mãos e dos braços dos cativos; explorou também sua inteligência e criatividade.

[...] Nas praças das grandes e pequenas cidades do império, quituteiras negras montavam seus tabuleiros trazendo mocotós, mingaus, canjicas, rolete de cana, queimados e muitas outras receitas que mais tarde foram incorporadas à cozinha brasileira. Dos africanos, a culinária brasileira incorporou o azeite de dendê, a pimenta-malagueta e o quiabo. [...] Mulheres negras também ficaram famosas exercendo o ofício de parteiras. No Brasil antigo, foi grande o número de crianças, negras e brancas, que vieram ao mundo nos braços de parteiras negras.

Entre os africanos podiam se encontrar pessoas que falavam línguas diversas [...]. Essas línguas africanas iriam mais tarde influenciar o português falado no Brasil.

Walter Fraga; Wlamyra Albuquerque. *Uma história da cultura afro-brasileira*. São Paulo: Moderna, 2009. p. 40-41.

3 Na época da colonização, os africanos escravizados beneficiaram as atividades econômicas com seus saberes. Cite alguns exemplos.

4 Quais elementos da cultura africana marcam o modo de vida do povo brasileiro?

5 Qual é a sua opinião sobre a migração forçada e a escravidão às quais foram submetidos os negros africanos?

12 Os povos da Europa e da Ásia e a formação da população brasileira

Objeto digital
- Multimídia: *Imigração no Brasil*

Os portugueses foram os primeiros europeus que chegaram às terras que formariam o Brasil e as ocuparam, mas não foram os únicos. Durante todo o período colonial, pessoas de outros países aqui chegaram.

No período entre 1850 e 1934, o governo brasileiro incentivou a entrada de imigrantes. Nesse período, chegaram ao Brasil mais de 4 milhões de pessoas, vindas da Europa e também da Ásia. Os principais grupos de imigrantes que vieram para o Brasil foram de portugueses, italianos, espanhóis, alemães, suíços e japoneses. Eles buscavam melhores condições de vida e foram trabalhar na agricultura, no comércio e na indústria.

Imigrantes espanhóis no município de Rio Claro, estado de São Paulo, em 1925.

1 Qual é o país de origem dos principais grupos de imigrantes que vieram para o Brasil no período entre 1850 e 1934?

____

2 Em quais atividades os imigrantes passaram a trabalhar?

____

Influências das culturas europeias e asiáticas em nossa vida

O imigrante

Imigrantes japoneses em navio no porto de Santos, estado de São Paulo, em 1934.

Quando um imigrante desembarca em solo estrangeiro geralmente traz com ele sonhos e objetivos. A ânsia por uma vida melhor acaba sendo benéfica para o país escolhido. No Brasil não é diferente. O processo de urbanização do país teve contribuição direta de estrangeiros. A industrialização dos estados da Região Sul, onde o artesanato rural cresceu até se transformar em pequena ou média indústria, é uma delas. Em São Paulo e no Rio de Janeiro, imigrantes com maior poder aquisitivo contribuíram com a aplicação de capital nos setores produtivos. Os franceses influíram nas artes, literatura, educação e em alguns hábitos sociais presentes na sociedade. Os italianos tiveram muita influência na arquitetura, especialmente em São Paulo. A contribuição dos alemães foi preponderante na agricultura, na qual trouxeram com eles o cultivo de centeio e de alfafa. Os japoneses trouxeram a soja e o hábito do consumo de legumes e verduras. [...] os árabes e libaneses tiveram sua parcela de contribuição, divulgando no país sua rica culinária. O Brasil é um país miscigenado não apenas no sangue que corre nas veias da população, mas também em sua cultura.

José Francisco Penna. A imigração teve influência direta na formação das bases culturais do país. *Diversidade em foco*. Disponível em: <http://mod.lk/dfoco>. Acesso em: 15 jan. 2015.

3 Quais foram os motivos que ocasionaram a migração de pessoas de outros países para o Brasil?

____

4 Exemplifique alguns elementos das culturas europeia e asiática que ficaram marcados no modo de vida da população brasileira.

____

____

Como você pode perceber, a população brasileira é formada por descendentes de europeus, asiáticos, africanos e também de indígenas.

5 **Converse com alguns colegas e anote o sobrenome deles para saber qual é sua ascendência*.**

Sobrenome	Origem

Sobrenome	Origem

- O professor vai anotar os dados dos alunos na lousa. Depois, preencha o quadro a seguir registrando o total de:

Descendentes de europeus	Descendentes de africanos	Descendentes de indígenas	Descendentes de asiáticos

Entreviste

Para saber mais sobre a formação do povo brasileiro e sua história, você deverá, com o auxílio de seus pais ou de algum parente próximo, entrevistar uma pessoa que tenha nascido em outro país e que viva atualmente no Brasil.

Sugerimos alguns assuntos para serem abordados na entrevista. Se quiser, você pode acrescentar outros.

- País de origem e suas características.
- Motivos da migração para o Brasil.
- Hábitos, costumes, alimentação, vestimentas, música, folclore, danças, instrumentos musicais, arte e outros aspectos do país de origem.

Se puder, peça a ele que reúna fotos e leve-as para mostrar à classe. Apresente ao professor e aos colegas o resultado de sua entrevista.

Ligando os pontos

1 Como você responderia à pergunta feita no *Desafio à vista!*, da página 61?

____

____

____

2 Leia o texto.

A mestiçagem

Uma das características mais marcantes da sociedade brasileira é o fato de ela ser resultado da mistura dos povos e das culturas que para cá vieram, por vontade própria ou à força.

Somos um povo mestiço, de cultura mestiça, o que quer dizer que somos o produto de várias misturas, que resultaram em coisas diferentes daquelas que lhes deram origem. A presença de italianos, japoneses, alemães, espanhóis, açorianos, entre muitos outros povos, é mais ou menos evidente, dependendo do lugar do país, pois a partir do século XIX, e principalmente do XX, eles chegaram a determinadas regiões para onde a imigração foi estimulada. Assim, os italianos, japoneses e sírios, em São Paulo, os alemães, italianos e açorianos, nas regiões do sul, e muitos outros que em momentos diversos vieram para o Brasil em busca de vida melhor, usaram seus conhecimentos anteriores e reproduziram sua sensibilidade nos novos ambientes em que passaram a viver, ajudando a construir a sociedade que somos hoje.

Marina de Mello e Souza. *África e Brasil africano*. São Paulo: Ática, 2006. p. 128.

- No lugar onde você vive, a mestiçagem é evidente? Explique.

____

____

____

____

Refletindo mais

Uma população miscigenada: a visão do artista

Nascido em 1843, Marc Ferrez foi um dos fotógrafos mais importantes de sua época, pioneiro* na história da fotografia brasileira. Ferrez era filho de um escultor francês e destacou-se pelo registro que fez de diferentes paisagens, incluindo as da capital onde viveu: o Rio de Janeiro. Além das paisagens, Ferrez foi um grande retratista e captou a diversidade da população brasileira. Veja a seguir algumas fotos que mostram essa diversidade, entre 1880 e 1899.

Retrato de Marc Ferrez, 1876.

Negra com seu filho, de Marc Ferrez, cerca de 1884.

Menino índio, de Marc Ferrez, 1880.

Jornaleiros, de Marc Ferrez, 1899.

Em 1933, a artista plástica Tarsila do Amaral pintou a tela *Operários*. Essa tela mostra a grande miscigenação da população que vivia na cidade de São Paulo naquela época. Pessoas dos mais diversos locais, tanto do Brasil como do exterior, vieram para a cidade trabalhar nas primeiras indústrias que se estabeleceram em nosso país.

Observe a imagem a seguir.

Operários, de Tarsila do Amaral, 1933.

- Agora o artista é você! Em uma folha avulsa, represente a população brasileira por meio de um desenho, de uma colagem ou de uma fotografia. O professor vai expor os trabalhos na sala de aula ou em outro local da escola.

Unidade 3

Brasil: a natureza e as pessoas

Primeiros contatos

1. Quais diferenças você observa entre as paisagens assinaladas com as letras *A*, *B*, *C* e *D*?

2. Como você justificaria a ausência de ocupação humana no local marcado com a letra *B*?

13 Brasil: conhecendo diferentes formas de relevo

O Brasil é um país com grande extensão territorial e abriga diferentes paisagens. Para conhecer algumas dessas paisagens você participará com seus colegas do "Jogo das rotas".

Desafio à vista!

No Brasil, há diferentes formas de relevo. Quais dessas formas você conhece?

Instruções para o jogo

- A classe será organizada em cinco grupos.
- Cada grupo iniciará uma das rotas no mapa, indicadas com diferentes cores, e seguirá as instruções para continuar a viagem.
- Brasília, no Distrito Federal, será o ponto de partida de todas as rotas.
- Sigam a rota e anotem no caderno o nome das unidades federativas pelas quais vocês passarem.
- Vocês deverão completar a rota inicial traçada no mapa anotando no caderno o nome de outras unidades federativas percorridas. Aproveitem para indicar diferentes locais.
- Depois, todos os grupos receberão os desafios propostos pelos demais grupos.

Brasil: unidades federativas

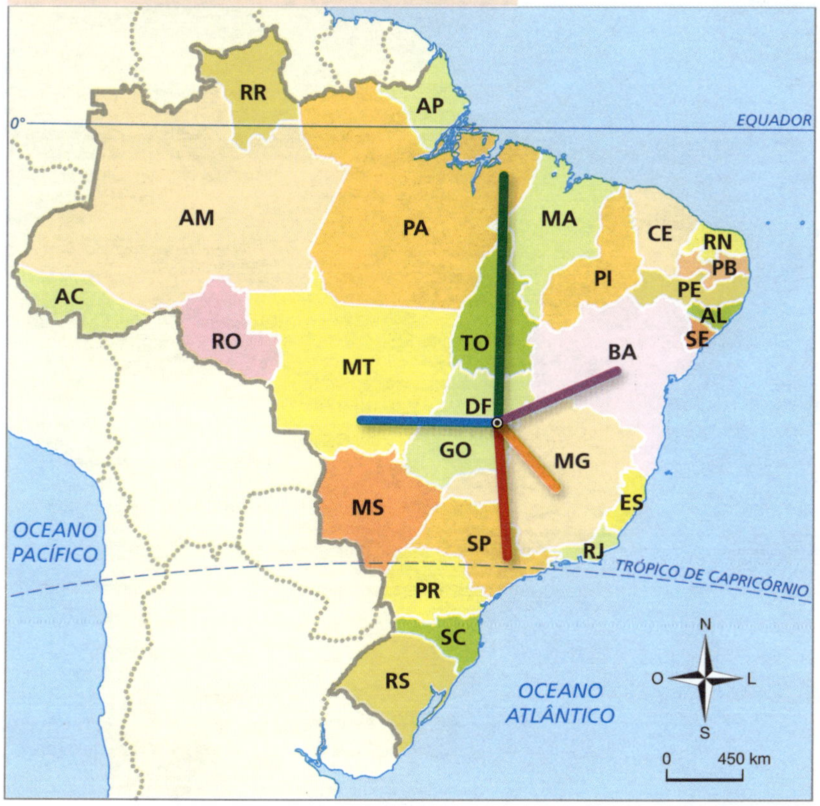

Fonte: IBGE. *Atlas geográfico escolar*. 6. ed. Rio de Janeiro: IBGE, 2012.

Grupo verde

- Sigam a rota verde na direção norte até o estado do Pará.
- Dirijam-se para o sudeste até o estado da Bahia.
- A partir daí, criem uma nova rota, anotando a direção e o nome das unidades federativas pelas quais vocês vão passar.
- Apresentem a rota percorrida para outro grupo sem mencionar o nome dos estados. Informem apenas as direções que devem ser seguidas.
- A qual local vocês chegaram percorrendo a rota verde?

Grupo azul

- Sigam a rota azul na direção oeste até o estado de Mato Grosso.
- Dirijam-se para o sul, chegando ao estado que faz limite com o Mato Grosso. Que estado é esse?
- A partir daí, criem uma nova rota, anotando a direção e o nome das unidades federativas pelas quais vocês vão passar.
- Apresentem a rota percorrida para outro grupo sem mencionar o nome dos estados. Informem apenas as direções que devem ser seguidas.
- A qual local vocês chegaram percorrendo a rota azul?

Grupo laranja

- Sigam a rota laranja na direção sudeste até o estado de Minas Gerais.
- Dirijam-se para o norte. Aonde vocês chegam?
- A partir daí, criem uma nova rota, anotando a direção e o nome das unidades federativas pelas quais vocês vão passar.
- Apresentem a rota percorrida para outro grupo sem mencionar o nome dos estados. Informem apenas as direções que devem ser seguidas.
- A qual local vocês chegaram percorrendo a rota laranja?

Grupo vermelho

- Sigam a rota vermelha na direção sul até o estado de São Paulo.
- Dirijam-se para o sudoeste. Aonde vocês chegam?
- A partir daí, criem uma nova rota, anotando a direção e o nome das unidades federativas pelas quais vocês vão passar.
- Apresentem a rota percorrida para outro grupo sem mencionar o nome dos estados. Informem apenas as direções que devem ser seguidas.
- A qual local vocês chegaram percorrendo a rota vermelha?

Grupo lilás

- Sigam a rota lilás na direção nordeste até o estado da Bahia.
- Dirijam-se para o norte, chegando ao estado do Piauí.
- A partir daí, criem uma nova rota, anotando a direção e o nome das unidades federativas pelas quais vocês vão passar.
- Apresentem a rota percorrida para outro grupo sem mencionar o nome dos estados. Informem apenas as direções que devem ser seguidas.
- A qual local vocês chegaram percorrendo a rota lilás?

Rota verde

Praias do Araguaia

O Rio Araguaia tem atraído cada vez mais turistas no período de estiagem* em razão das inúmeras praias que se formam às suas margens.

Praia do Rio Araguaia, estado do Pará, em 2010.

Rota azul

Pantanal

Em parte dos estados de Mato Grosso e Mato Grosso do Sul, encontramos a planície do Pantanal, uma área alagadiça, com muitos rios e repleta de vida silvestre.

Vista do Pantanal, estado de Mato Grosso, em 2013.

Rota vermelha

Campos Gerais do Paraná

Nessa região, localiza-se o Parque Estadual de Vila Velha, onde é possível encontrar formações rochosas de formas variadas e a Lagoa Dourada, que fica com suas águas douradas ao entardecer.

Parque Estadual de Vila Velha, estado do Paraná, em 2015.

Rota laranja

Serra da Canastra

No estado de Minas Gerais há serras e nascentes de rios. Na Serra da Canastra estão as nascentes do Rio São Francisco. Nessa área existem muitas trilhas e cachoeiras.

Cachoeira no Parque Nacional da Serra da Canastra, estado de Minas Gerais, em 2013.

Rota lilás

Chapada Diamantina

Localizada no interior do estado da Bahia, é uma paisagem formada por altos paredões rochosos, de onde se pode avistar uma região de chapadas, com muitas trilhas e cachoeiras.

Parque Nacional da Chapada Diamantina, estado da Bahia, em 2014.

1 Qual dos cinco locais apresentados você gostaria de conhecer? Por quê?

2 Imagine que você vai acampar no local escolhido. Leia as dicas e depois planeje sua viagem.

Dicas

O que levar

- Barraca.
- Saco de dormir.
- Lanterna ou lampião.
- Sacos de lixo.
- Isolante térmico.
- Câmera digital.
- Mochila.
- GPS.
- Água potável.
- *Notebook*.
- Repelente.
- Filtro solar.

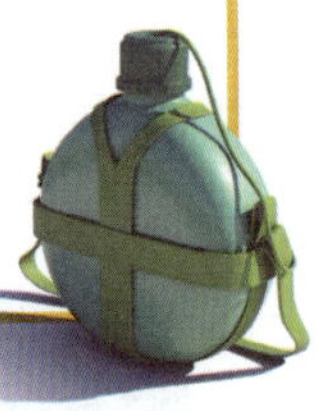

a) Você levaria todos os itens que foram listados? Por quê?

b) Você levaria o GPS? Qual é a importância desse item na viagem?

c) Você levaria algum item que não está na lista? Justifique sua resposta.

d) Como turista, quais cuidados você teria para preservar o local visitado?

As principais formas de relevo

Você sabe o que é relevo? O relevo corresponde às diversas formas que a superfície terrestre apresenta. No Brasil, as principais formas de relevo são as planícies, os planaltos (que incluem as serras) e as depressões.

Para conhecer um pouco mais sobre essas formas de relevo, você vai construir uma maquete. Antes disso, observe o esquema que representa algumas formas de relevo.

Você sabia?

A altitude do relevo é calculada a partir do nível do mar, que corresponde a zero metro de altitude. Observe no desenho como se mede a variação da altitude.

Como representar?

1 Agora, você e seus colegas vão fazer uma maquete. Para isso, sigam as orientações.

Material necessário

- ✔ Uma prancha de madeira ou de outro material resistente, medindo aproximadamente 50 × 50 centímetros.
- ✔ Argila, papel machê ou massa de modelar.
- ✔ Tintas para pintar.

Como fazer

- ✔ Demarcar na prancha, com lápis, caneta ou giz, os espaços destinados para representar o oceano, a planície, o planalto, a depressão e a serra.
- ✔ Modelar a parte mais baixa, a planície, que corresponde à área assinalada com o número 1 no desenho da página anterior.
- ✔ Modelar o planalto, a depressão e a serra como mostrado em 2, 3 e 4 no desenho da página anterior.
- ✔ Para representar o rio, fazer um sulco da serra até o mar.
- ✔ Esperar secar.
- ✔ Pintar de:
  - (azul) o mar e o sulco do rio
  - (amarelo) a planície
  - (verde) o planalto
  - (roxo) a depressão
  - (marrom) a serra

2 Observe a maquete em visão vertical.

3 Agora, observe a maquete em visão oblíqua.

4 Que diferenças há entre o que você viu em visão vertical e em visão oblíqua?

14 Brasil: planaltos, planícies e depressões

Há 40 anos, geógrafos e geólogos* estudaram o relevo brasileiro por meio de um projeto de pesquisa chamado Radambrasil. Nesse projeto foram utilizadas fotos e imagens de radar para a elaboração de um novo mapeamento das formas de relevo.

Agora, você vai conhecer as principais formas do relevo brasileiro.

Planaltos

Os planaltos são superfícies relativamente planas, geralmente com altitudes acima de 300 metros. Nos planaltos, são encontradas algumas irregularidades, como morros, serras e chapadas.

Planalto no estado de Pernambuco, em 2012.

Planícies

As planícies são superfícies mais ou menos planas, geralmente extensas e de baixas altitudes. Estão localizadas no interior do país e também no litoral.

Planície no estado de Pernambuco, em 2012.

Depressões

As depressões são superfícies com altitude mais baixa que a das áreas vizinhas.

Depressão no estado de São Paulo, em 2011.

O mapa a seguir mostra as principais formas de relevo do Brasil.

Brasil: principais formas de relevo

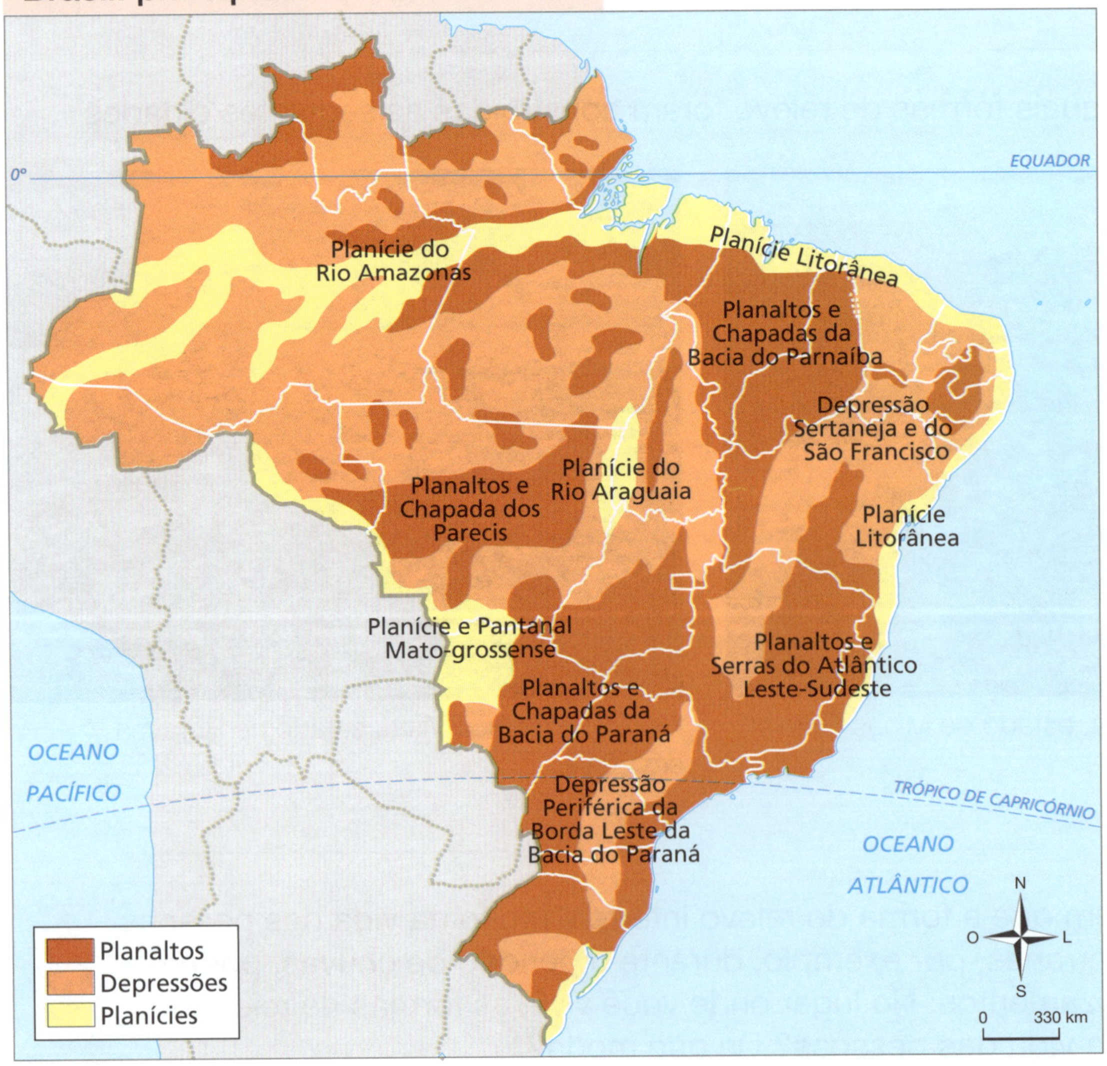

Fonte: Jurandyr L. S. Ross (Org.). 5. ed. *Geografia do Brasil*. São Paulo: Edusp, 2005.

Como localizar?

Cartografando

Objeto digital
• Atividade interativa

1. O que o mapa da página anterior mostra?

____

2. Localize a unidade federativa em que você vive. Qual é a forma de relevo predominante nessa área?

____

3. Qual é o nome da planície localizada na Região Norte do Brasil? E o nome da planície que acompanha o litoral?

____

4. Localize no mapa um planalto e escreva o nome dele.

____

____

____

5. Indique em quais formas de relevo foram construídas as seguintes cidades.

Município de Juruaia, estado de Minas Gerais, em 2014.

____

Município de Boa Vista, estado de Roraima, em 2014.

____

6. Há lugares em que a forma do relevo interfere muito na vida das pessoas. Nas áreas serranas, por exemplo, durante o período de chuvas, podem ocorrer deslizamentos. No lugar onde você vive, as formas de relevo interferem na vida das pessoas? De que modo?

Você sabia?

A transformação do relevo

As formas de relevo que hoje conhecemos podem passar por modificações ao longo do tempo. O vento e a água dos rios e do mar, por exemplo, são elementos que transformam as formas de relevo.

A Pedra Furada, em Jericoacoara, no estado do Ceará, é uma formação rochosa em forma de arco que foi esculpida pela ação das marés. Foto de 2014.

Nos dias atuais, pode-se afirmar que o ser humano é um dos responsáveis pelas modificações das formas de relevo, podendo, muitas vezes, alterar a paisagem de maneira muito rápida e intensa.

Para a extração de minérios em Carajás, estado do Pará, são feitos degraus nos morros. Foto de 2012.

Ligando os pontos

1 Decifre o criptograma a seguir.

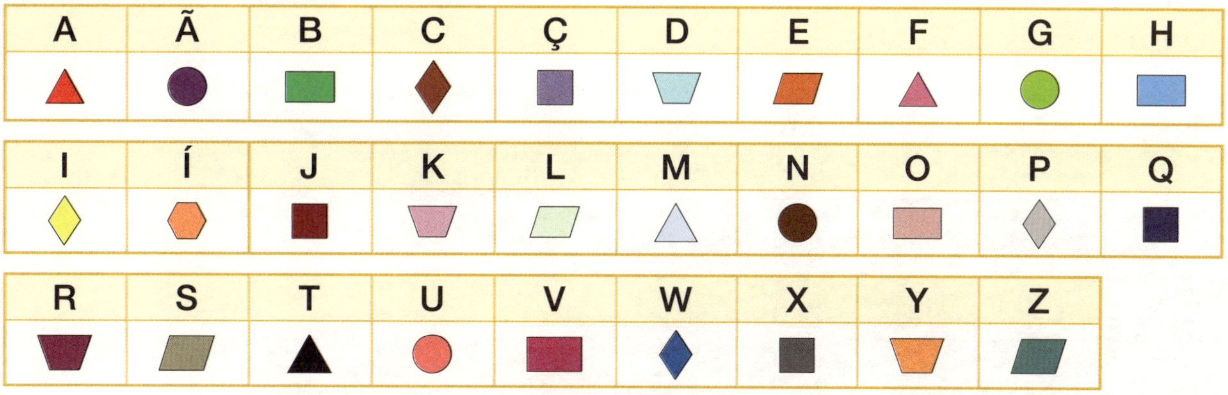

a) 

___ ___ ___ ___ ___ ___ ___ ___

b) 

___ ___ ___ ___ ___ ___ ___ ___

c) 

___ ___ ___ ___ ___ ___ ___ ___ ___

2 Agora, observe a imagem e complete os espaços em branco indicando as principais formas de relevo do Brasil.

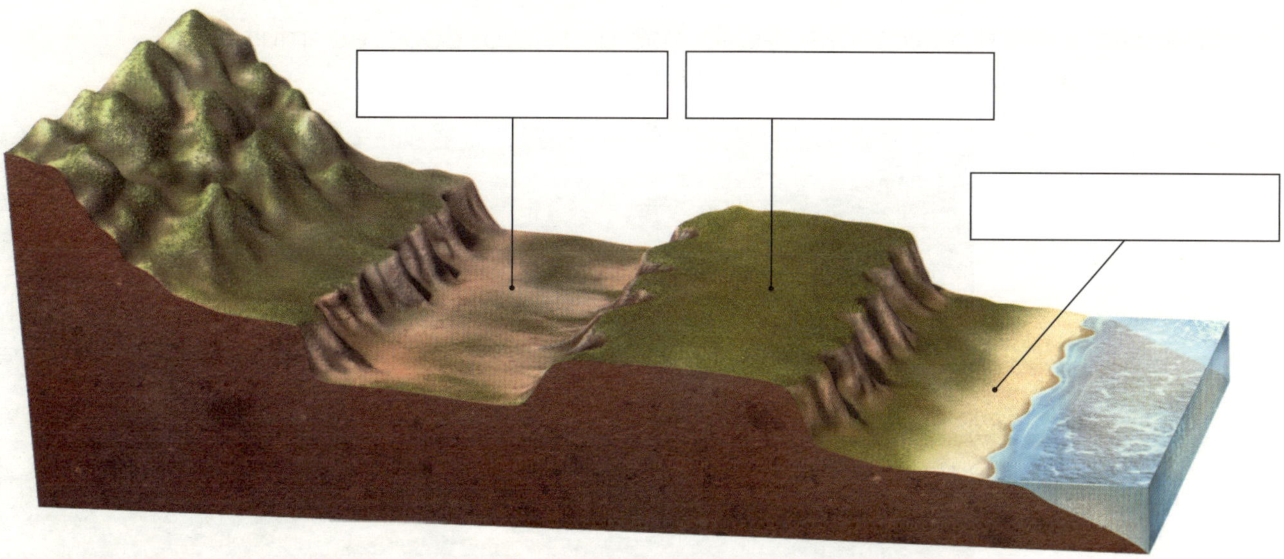

3 Em qual das formas de relevo indicadas acima estão as serras?

____

15 Brasil: os rios e as regiões hidrográficas

O que você sabe a respeito dos rios? Você sabe qual é o maior rio do Brasil? O que é um afluente? O que é a foz de um rio? Sabe como os rios são aproveitados pelas pessoas?

Para responder a algumas dessas questões, observe a imagem e leia as informações.

Desafio à vista!

Na região onde você vive existem rios? Como eles são aproveitados? Qual é a situação de conservação desses rios?

Partes de um rio

1 Quais das perguntas anteriores você consegue responder ao observar essa imagem?

____

____

2 As águas dos rios correm:

☐ sempre dos lugares de maior altitude para os lugares de menor altitude.

☐ sempre dos lugares de menor altitude para os lugares de maior altitude.

Objeto digital
• Atividade interativa

3 Nascente é o local onde o rio se forma. E como se chama o local onde ele deságua?

____

4 Que tipo de aproveitamento as pessoas que vivem próximas a um rio podem fazer dele?

____

____

____

5 Observando a imagem da página anterior, é possível identificar o curso do rio, isto é, o caminho que ele percorre da nascente até a foz. Quantos afluentes o rio recebeu?

____

____

Você sabia?

As formas de relevo interferem nas características dos rios, que podem ser:

- **rios de planalto:** percorrem áreas de planalto e suas águas correm rapidamente. Geralmente, apresentam cachoeiras ou quedas-d'água. Esses rios são muito utilizados para a geração de energia elétrica.
- **rios de planície:** percorrem áreas de planície e suas águas correm lentamente. Costumam ser utilizados para a navegação.

Cataratas do Rio Iguaçu no município de Foz do Iguaçu, estado do Paraná, em 2015.

As regiões hidrográficas

Chama-se bacia hidrográfica toda a extensão de terras que é ocupada por um rio principal e seus afluentes. As bacias hidrográficas foram agrupadas em regiões hidrográficas, que englobam uma ou mais bacias hidrográficas.

Cartografando

Como localizar?

Brasil: regiões hidrográficas

Fonte: Agência Nacional de Águas (ANA).Disponível em: <http://mod.lk/ana>. Acesso em: 27 jan. 2015; IBGE. *Atlas geográfico escolar*. 6. ed. Rio de Janeiro: IBGE, 2012.

1 A unidade federativa em que vocês vivem faz parte de qual região hidrográfica?

____

2 Qual é a maior região hidrográfica brasileira? Qual é o seu rio principal?

____

16 Os rios e o aproveitamento das águas

A Terra é chamada de "Planeta Água" porque 70% de sua superfície é coberta por esse recurso natural.

Mas não pense que, por isso, existe água de sobra para o consumo humano. Quase toda a água que cobre o planeta é salgada. A quantidade de água doce disponível é pequena, sobretudo se considerarmos que grande parte dela está em geleiras e calotas polares ou no subsolo. Só uma pequeníssima parte da água doce está em rios e lagos.

Água doce e salgada na Terra

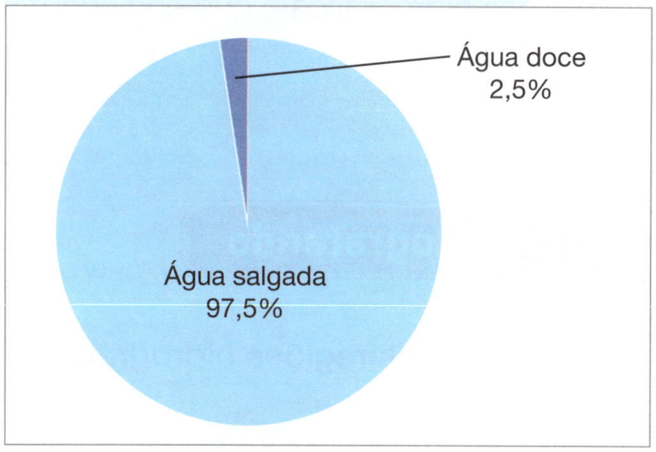

Fonte: Agência Nacional de Águas (ANA). *Manual de uso da água*. Brasília, 2006.

Água doce sólida e líquida na Terra

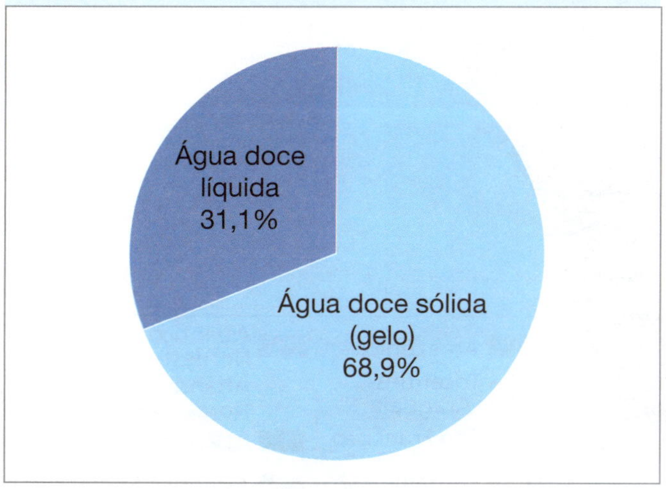

Fonte: Agência Nacional de Águas (ANA). *Manual de uso da água*. Brasília, 2006.

Água doce superficial e subterrânea na Terra

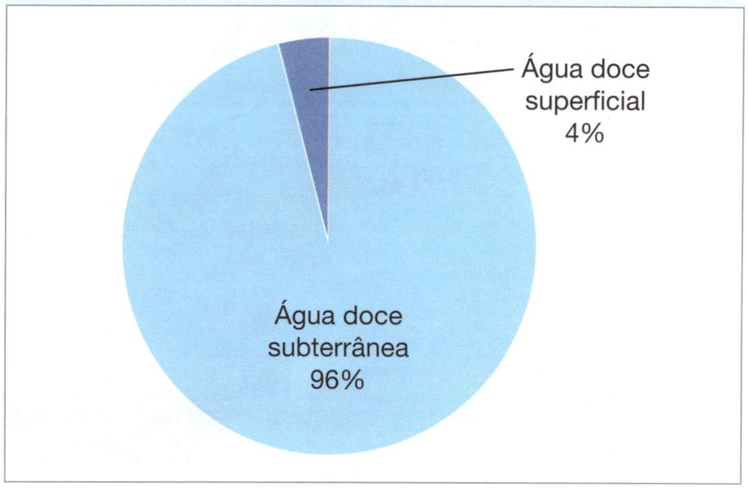

Fonte: Companhia de Saneamento Básico do Estado de São Paulo (Sabesp). Disponível em: <http://mod.lk/agua>. Acesso em: 27 jan. 2015.

1 Com base na leitura do texto e dos gráficos, responda.

Objeto digital
- Videorreportagem: *Água doce no Brasil*

a) A maior parte da água que cobre a superfície da Terra é:

☐ doce. ☐ salgada.

b) Onde está a maior parte da água doce disponível?

____

c) Qual é a porcentagem de água doce líquida que está na superfície terrestre?

____

O uso da água

A água doce é utilizada de diversas maneiras pelas pessoas. Uma parte do uso dessa água está relacionada a atividades econômicas, como:

- **Geração de energia**: por meio do movimento das águas dos rios pode-se gerar energia elétrica. Para saber mais a respeito de como funciona a geração de energia elétrica em uma usina hidrelétrica, observe a imagem a seguir e leia o texto.

Em uma usina hidrelétrica, a água do rio é represada em uma barragem. Depois, a água é conduzida pelos tubos de circulação, sob grande pressão, até chegar às turbinas e aos geradores. A pressão da água faz as pás das turbinas girarem em alta velocidade. Esse movimento aciona o gerador, que produz a energia.

Do gerador, a energia elétrica é levada para as torres de transmissão e para as estações de distribuição e transformação de energia. Só depois ela chegará aos consumidores.

- **Indústria**: a água é utilizada como matéria-prima em indústrias de alimentos e de papel, entre outras. Também é utilizada para resfriar máquinas.

Indústria no município de Volta Redonda, estado do Rio de Janeiro, em 2008.

- **Irrigação**: a agricultura é a atividade em que mais se consome água doce no mundo. A irrigação dos cultivos é necessária em locais que não dispõem de água da chuva em quantidade e períodos suficientes.

Irrigação em plantação no município de Teresópolis, estado do Rio de Janeiro, em 2013.

- **Lazer**: as águas dos rios possibilitam muitas atividades de lazer, como os esportes náuticos e a natação. Muitas pessoas costumam visitar balneários, estâncias termais e cachoeiras.

Praticantes de canoagem em rio do município de Brotas, estado de São Paulo, em 2014.

2 Além das atividades citadas nas páginas anteriores, as águas dos rios podem ser utilizadas pelas pessoas para quais outras atividades?

3 Você acha que a poluição e a má conservação dos rios podem prejudicar as atividades citadas anteriormente? Como?

4 A construção de uma barragem para uma usina hidrelétrica é importante para o abastecimento de energia e para a captação de água. Quais são os aspectos negativos resultantes de sua construção?

Ligando os pontos

1 Você e seus colegas vão pesquisar alguns tipos de aproveitamento dos rios na região em que vivem.

Que espaço é esse?

O professor vai organizar a classe em cinco grupos. Com base na pesquisa, cada grupo deverá produzir um painel e apresentá-lo ao restante da turma.

Os grupos vão pesquisar os seguintes tipos de aproveitamento:

Grupo 1	Pesca
Grupo 2	Lazer
Grupo 3	Abastecimento de água
Grupo 4	Navegação
Grupo 5	Produção de energia elétrica

2 Atualmente, a poluição é um sério problema ambiental que afeta muitos rios brasileiros. Como a poluição dos rios pode ser evitada?

3 Há alguma maneira de você contribuir para o controle da poluição e para a conservação da água utilizada em seu lugar de vivência? Apresente suas sugestões para os colegas e o professor.

17 Brasil: tempo atmosférico e climas

Os noticiários de rádio, televisão e jornais apresentam diariamente a previsão do tempo, ou seja, informam quais serão as condições da atmosfera nos próximos dias.

A situação da atmosfera em determinado momento é chamada de tempo atmosférico.

Observe o mapa.

Desafio à vista!

Como está o tempo atmosférico hoje no lugar onde você vive? Como costuma ser o clima em sua região?

Brasil: previsão do tempo atmosférico para o dia 3 de junho de 2014

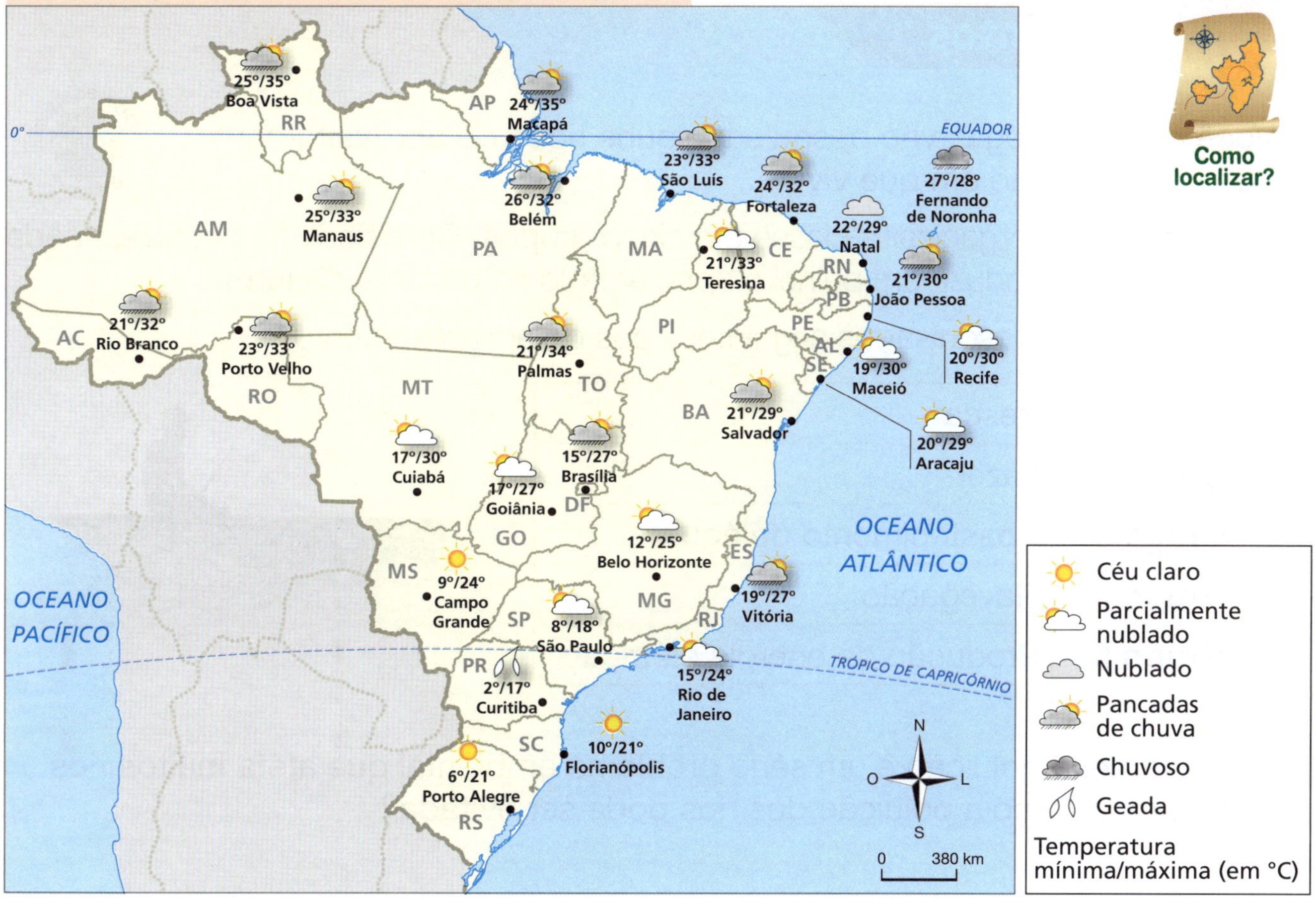

Fonte: *Folha de S.Paulo*. 3 jun. 2014. p. 2. Caderno C.

Como localizar?

1. Localize a unidade federativa em que você vive. Qual era a previsão do tempo atmosférico para o dia 3 de junho de 2014 na capital?

2. Cite as capitais de unidades federativas que apresentavam condições atmosféricas diferentes da capital da unidade federativa em que você vive.

3. Quais capitais apresentavam a maior temperatura prevista para o dia 3 de junho de 2014? Qual capital apresentava a menor temperatura prevista para esse dia?

Climas do Brasil

Como localizar?

Observando o tempo atmosférico durante muitos anos e identificando características que predominam na dinâmica atmosférica, meteorologistas e outros profissionais determinaram os diferentes tipos de clima.

Observe o mapa.

Brasil: climas

Fonte: Graça Maria L. Ferreira. *Moderno atlas geográfico*. 5. ed. São Paulo: Moderna, 2011.

4 Que tipo de clima predomina na unidade federativa em que você vive?

____

5 Qual é o clima predominante nas seguintes unidades federativas?

a) Goiás, Maranhão e Tocantins: ____________________

b) Paraná, Santa Catarina e Rio Grande do Sul: ____________________

c) Amazonas, Roraima e Acre: ____________________

6 Em quais unidades federativas ocorre o clima tropical semiárido?

____

____

____

Os textos a seguir informam um pouco mais sobre as características dos principais climas do Brasil.

Clima equatorial úmido

É um clima quente e úmido, com temperaturas elevadas durante a maior parte do ano. As chuvas são bem distribuídas durante o ano todo.

Município de Macapá, estado do Amapá, em 2014.

Clima tropical

É marcado pela existência de duas estações bem definidas: uma quente e chuvosa (verão) e outra mais fria e seca (inverno).

Município de Palmas, estado do Tocantins, em 2013.

7 Observe os mapas das páginas 92 e 93. Escolha duas capitais, uma com clima equatorial úmido e outra com clima tropical. Depois, complete o quadro.

Capital	Tipo de clima	Características gerais do clima	Previsão de tempo atmosférico para 3/6/2014	Temperaturas máxima e mínima previstas para 3/6/2014

Clima tropical semiárido

É o clima característico do sertão nordestino: quente durante todo o ano e com pouca ocorrência de chuvas.

Município de Acari, estado do Rio Grande do Norte, em 2014.

Clima litorâneo úmido

Ocorre na porção leste do Brasil, na maior parte da faixa litorânea das regiões Nordeste e Sudeste. Caracteriza-se pela ocorrência de chuvas durante quase o ano todo.

Município de Uruçuca, estado da Bahia, em 2014.

8 Releia os textos, observe as imagens desta página e o mapa da página 93. Você deverá orientar uma pessoa que viajará para Petrolina (PE) e outra que viajará para Recife (PE). Complete o quadro de orientações.

Município	Tipo de clima	Características	Que tipo de roupa levar
Petrolina			
Recife			

Clima tropical de altitude

Apresenta temperaturas mais baixas que o clima tropical devido à altitude. Geralmente, a cada 180 metros de elevação da altitude, a temperatura cai 1 °C em áreas de clima tropical de altitude.

Município de Monte Verde, estado de Minas Gerais, em 2013.

Clima subtropical úmido

É o clima do sul do Brasil. Apresenta verão quente e inverno rigoroso, com temperaturas baixas, geadas frequentes e, ocasionalmente, neve nas áreas de serra. As chuvas são bem distribuídas durante o ano inteiro.

Município de Urubici, estado de Santa Catarina, em 2014.

Objeto digital
• Atividade interativa

9 Por que muitos dos climas brasileiros recebem o nome de tropical?

____

____

10 Onde estão localizadas as regiões com clima subtropical?

____

Você sabia?

Efeito estufa é o nome dado à retenção de calor na atmosfera terrestre ocasionada por uma camada de gases. É um fenômeno natural do planeta.

O efeito estufa tem aumentado e está provocando o aquecimento global.

Você já deve ter ouvido falar em aquecimento global, não é mesmo?

Leia algumas informações sobre o assunto.

O que acontece com o planeta?

Há alguns gases que seguram o calor da Terra na atmosfera, como se fossem um cobertor. É graças a esses gases que você, eu e todas as plantas e animais podemos viver. Sem eles, a Terra seria um deserto de gelo. Mas até coisas boas em excesso fazem mal: nós estamos lançando gases demais no ar, e isso agrava o efeito estufa e causa o aquecimento global. [...]

Claudio Angelo. *Folha de S.Paulo*, 2 jun. 2007. Folhinha. Disponível em: <http://mod.lk/agloba1>. Acesso em: 15 jan. 2015.

Podemos dizer que o aquecimento global ocorre porque estamos colocando um cobertor mais grosso no nosso planeta. Esse cobertor é constituído pelos gases emitidos nas queimas de carvão e de combustíveis derivados do petróleo. Como estamos queimando mais, o cobertor está ficando mais grosso e, portanto, nosso planeta fica mais quente.

Pedro Silva Dias. *Folha de S.Paulo*, 2 jun. 2007. Folhinha. Disponível em: <http://mod.lk/agloba2>. Acesso em: 15 jan. 2015.

- Traga notícias sobre o assunto para a sala de aula. Pode ser de rádio, televisão ou outro meio de comunicação.
- Apresente sua notícia aos colegas e ao professor.

O aumento da poluição atmosférica intensifica o efeito estufa, que contribui para o aquecimento global.

Ligando os pontos

1 Crie um símbolo para representar o tempo atmosférico mostrado na foto e uma legenda para descrevê-lo.

Município de Curitiba, estado do Paraná, em 2014.

Símbolo

Legenda

____

____

____

____

2 Relacione os locais aos climas que apresentam e os tipos de clima aos depoimentos dos moradores.

Locais	Climas	Depoimentos
Salvador (BA)	**Equatorial úmido**	"Aqui é sol forte o ano inteiro e a falta de chuva castiga a gente e os animais. Mas quando a chuva cai é muita felicidade! E a vegetação fica verde rapidinho."
Goiânia (GO)	**Tropical**	"Gosto de viver na serra porque aqui não faz muito calor. Gosto muito mais do frio."
Belém (PA)	**Tropical semiárido**	"Moro aqui há mais de 30 anos e já me acostumei com o calor durante todo o ano. Gosto de olhar o céu depois de ver a chuva que costuma cair quase toda tarde."
Porto Alegre (RS)	**Tropical de altitude**	"Aqui costuma chover o ano inteiro. O inverno é de trincar os dentes de tão frio. Já o verão é bem quente."
Petrolina (PE)	**Litorâneo úmido**	"Adoro ver como as coisas mudam por aqui durante o ano. Gosto de poder dormir debaixo de um cobertor quentinho durante o inverno e de tomar banho de chuva durante o verão."
Belo Horizonte (MG)	**Subtropical úmido**	"Fico sempre apreensiva quando vejo aquelas nuvens cinza de chuva se formarem no oceano. Mas depois que a chuva passa, adoro ir passear na praia e ver o céu limpo."

18 Brasil: a vegetação e sua devastação

Como você estudou nos capítulos anteriores, o Brasil apresenta uma grande variedade de formas de relevo e de tipos de clima.

Em virtude da interação entre clima, solo e relevo, há em nosso país diversas formações vegetais. Esses ambientes apresentam uma grande biodiversidade, ou seja, diversidade de espécies vegetais e animais. Contudo, boa parte da vegetação nativa que cobria o território brasileiro foi devastada em razão de sua ocupação ao longo desses mais de 500 anos.

Observe os mapas.

Desafio à vista!

Você sabe quais tipos de vegetação nativa existem no Brasil? E sabe por que a vegetação nativa vem sendo destruída?

Houve transformação?

Brasil: vegetação original

Fonte: Graça Maria Lemos Ferreira. *Atlas geográfico*: espaço mundial. 4. ed. São Paulo: Moderna, 2013.

Brasil: vegetação atual

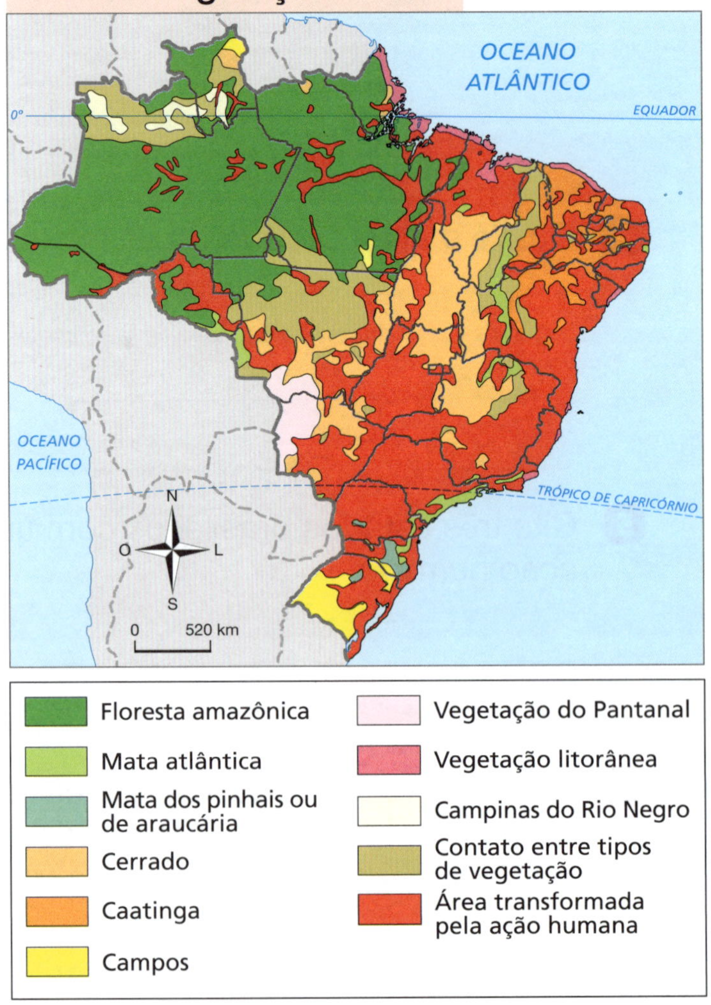

Fonte: Graça Maria Lemos Ferreira. *Atlas geográfico*: espaço mundial. 4. ed. São Paulo: Moderna, 2013.

Cartografando

1 O que os mapas da página anterior representam?

2 Comparando os dois mapas, quais foram os tipos de vegetação mais devastados?

3 Localize, nos mapas, a unidade federativa em que você vive. Que tipo ou tipos de vegetação existia ou existiam nela?

4 Qual é o atual cenário de desmatamento na região onde você mora?

5 Cite três estados brasileiros com uma grande área territorial transformada pela ação humana.

6 Entre 2005 e 2010, de toda a área desmatada no mundo, 39% estavam no Brasil. Converse com o professor e os colegas sobre isso e anote suas conclusões.

As principais paisagens vegetais brasileiras

Junte-se a um colega e leiam os textos sobre os principais tipos de vegetação do Brasil.

Mata atlântica

Ocupava, originalmente, uma extensa área florestal. Atualmente, é uma das florestas mais devastadas do Brasil. Cerca de 93% da mata atlântica já foi destruída. Grande parte do que restou está em unidades de conservação.

Mata atlântica no município de Cunha, estado de São Paulo, em 2014.

O macaco mono-carvoeiro é um dos animais que vivem na mata atlântica.

Vegetação litorânea

Ocupa a porção do Brasil voltada para o litoral. Nessa área, existem muitos manguezais*, onde a vegetação se desenvolve em solos alagados. Com o processo de expansão urbana e com a industrialização, essa paisagem vem sofrendo constante devastação.

Manguezal no município de Porto Seguro, estado da Bahia, em 2014.

1 Por que a mata atlântica e a vegetação litorânea são intensamente devastadas no Brasil?

____

____

Caatinga

É a vegetação presente nas áreas mais secas do Nordeste brasileiro. Forma uma das paisagens menos protegidas e conhecidas. O clima semiárido influencia as características da vegetação e da vida animal.

Caatinga no município de Caicó, estado do Rio Grande do Norte, em 2014.

O tatupeba ou tatu-peludo é um dos animais que vivem na caatinga.

Floresta amazônica

É uma das maiores florestas do planeta. Na floresta amazônica, há um grande número de espécies vegetais e animais, que correspondem a cerca de um terço das espécies do planeta.

Floresta amazônica no município de Macapá, estado do Amapá, em 2014.

2 Cite duas unidades da federação que estão localizadas em áreas de caatinga e da floresta amazônica.

Caatinga: ______________________________

Floresta amazônica: ______________________________

Mata dos cocais

Corresponde à vegetação existente entre a floresta amazônica e a caatinga. Palmeiras de babaçu e de carnaúba são espécies características da mata dos cocais. Essas espécies são ricas em óleos utilizados na fabricação de diversos produtos.

Mata de cocais no município de Patos do Piauí, estado do Piauí, em 2014.

Cerrado

Vegetação característica da Região Centro-Oeste, o cerrado apresenta várias formações, desde os campos limpo e sujo (predomínio de gramíneas, praticamente sem árvores) até o cerradão (onde se encontram árvores baixas, geralmente de tronco retorcido). Há uma grande diversidade de espécies no cerrado.

Cerrado no município de Mineiros, estado de Goiás, em 2014.

O tamanduá-bandeira é um dos animais que vivem no cerrado.

Pesquise

Muitas pessoas que moram em locais onde predominam a mata dos cocais e o cerrado vivem da exploração de produtos retirados dessas localidades. Procure saber para que são utilizados os produtos citados nos quadros.

Mata dos cocais
Carnaúba Babaçu Oiticica

Cerrado
Pequi Capim dourado

Pequis.

Mata dos pinhais (ou mata de araucária)

É a formação vegetal que ocorre no sul do Brasil. A mata dos pinhais está praticamente extinta: restam apenas 3% da área original. A araucária, conhecida como pinheiro-brasileiro, foi intensamente explorada para a construção de moradias e a fabricação de móveis.

Mata dos pinhais no município de Pinhão, estado do Paraná, em 2014.

A gralha-azul é um dos animais que vivem na mata dos pinhais.

Campos

Vegetação rasteira formada principalmente de gramíneas. Os campos estão presentes em um pequeno trecho da Região Norte, mas se concentram especialmente no Rio Grande do Sul, onde formam o chamado Pampa Gaúcho. São áreas tradicionalmente ocupadas pela pecuária.

Campos no município de São Martinho da Serra, estado do Rio Grande do Sul, em 2014.

3 A mata dos pinhais e as maiores extensões de campos estão localizados em áreas de clima ______________________________.

- Como você chegou a essa conclusão?

____

____

Vegetação do Pantanal

A vegetação do Pantanal é variada, composta de áreas de floresta, trechos de caatinga, de cerrado e de vegetação aquática. Ocupa uma vasta planície de inundação cortada por inúmeros cursos de água.

Pantanal no município de Poconé, estado de Mato Grosso, em 2014.

Para conhecer melhor a vegetação das regiões brasileiras, o professor vai organizar a turma em grupos e definir diferentes temas para serem apresentados em seminários. Os temas devem abordar os seguintes aspectos: características da vegetação, principais espécies da fauna e da flora e principais motivos da devastação.

Como organizar um seminário

Objeto digital
- Atividade: *Principais paisagens vegetais brasileiras*

a) Converse com os colegas de seu grupo: como vocês acham que se organiza um seminário?

b) Reflita sobre quais materiais são necessários e selecione-os. Exemplos: textos informativos, imagens, músicas, poesias e tudo o que acharem interessante.

c) Escolham as informações e imagens e criem cartazes para ajudar os outros grupos a compreender o assunto que está sendo explicado.

d) Apresente o resultado ao restante da sala.

Você sabia?

Hotspots

O conceito *hotspot* foi criado em 1988 pelo ecólogo inglês Norman Myers para resolver um dos maiores dilemas [...]: quais as áreas mais importantes para preservar a biodiversidade na Terra?

Ao observar que a biodiversidade não está igualmente distribuída no planeta, Myers procurou identificar quais as regiões que concentravam os mais altos níveis de biodiversidade e onde as ações de conservação seriam mais urgentes. Ele chamou essas regiões de *hotspots*.

Hotspot é, portanto, toda área prioritária para conservação, isto é, de alta biodiversidade e ameaçada no mais alto grau. É considerada *hotspot* uma área com pelo menos 1.500 espécies endêmicas* de plantas e que tenha perdido mais de 3/4 de sua vegetação original. [...]

No Brasil há dois *hotspots*: a mata atlântica e o cerrado.

Anders Rhodin. *Hotspots*. Conservação Internacional do Brasil. Disponível em: <http://mod.lk/hotspot>. Acesso em: 16 jan. 2015.

Hotspots no Brasil e no mundo

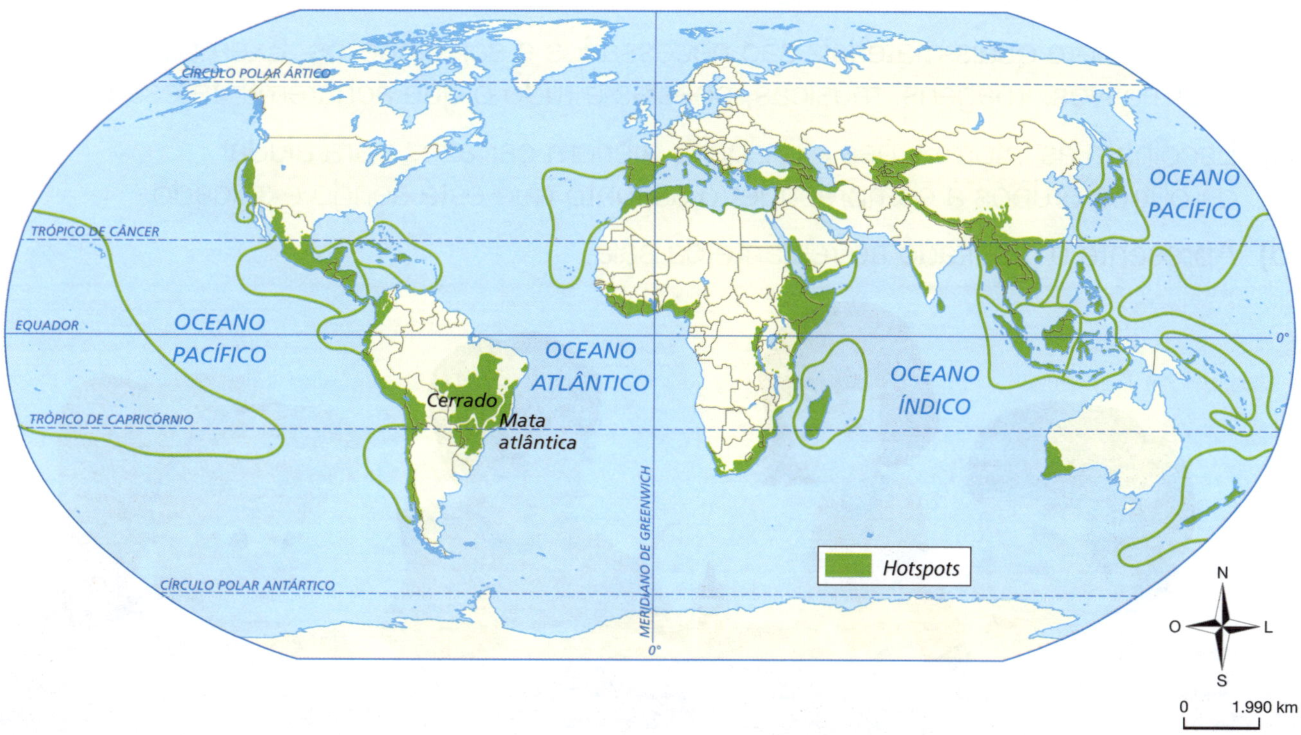

Fonte: Conservação Internacional do Brasil. Disponível em: <http://mod.lk/hotspotm>. Acesso em: 16 jan. 2015.

Ligando os pontos

1 Numere as fotos de acordo com as formações vegetais indicadas no quadro.

1 Cerrado	2 Caatinga	3 Mata dos pinhais	4 Floresta amazônica

Município de Paragominas, estado do Pará, em 2014.

Município de Juazeiro, estado da Bahia, em 2013.

Município de Mineiros, estado de Goiás, em 2014.

Município de Urubici, estado de Santa Catarina, em 2014.

2 Quais são os principais fatores que contribuem para o desmatamento no Brasil?

3 Quais são as consequências do desmatamento:

a) para a fauna?

b) para a flora?

c) para as pessoas?

Refletindo mais

Você sabe o que são rios voadores?

No norte do Brasil existe uma grande quantidade de vapor de água na atmosfera, o que forma os rios voadores. Vamos conhecer mais sobre esse fenômeno?

2

Os ventos carregam as nuvens para a floresta amazônica. Na floresta amazônica essas nuvens ganham mais umidade por conta da grande evapotranspiração das árvores da floresta.

3

As nuvens seguem em direção à Cordilheira dos Andes, que, por conta de sua elevada altitude, impede que elas sigam para o Oceano Pacífico, deslocando-as para o Sul e Sudeste do Brasil.

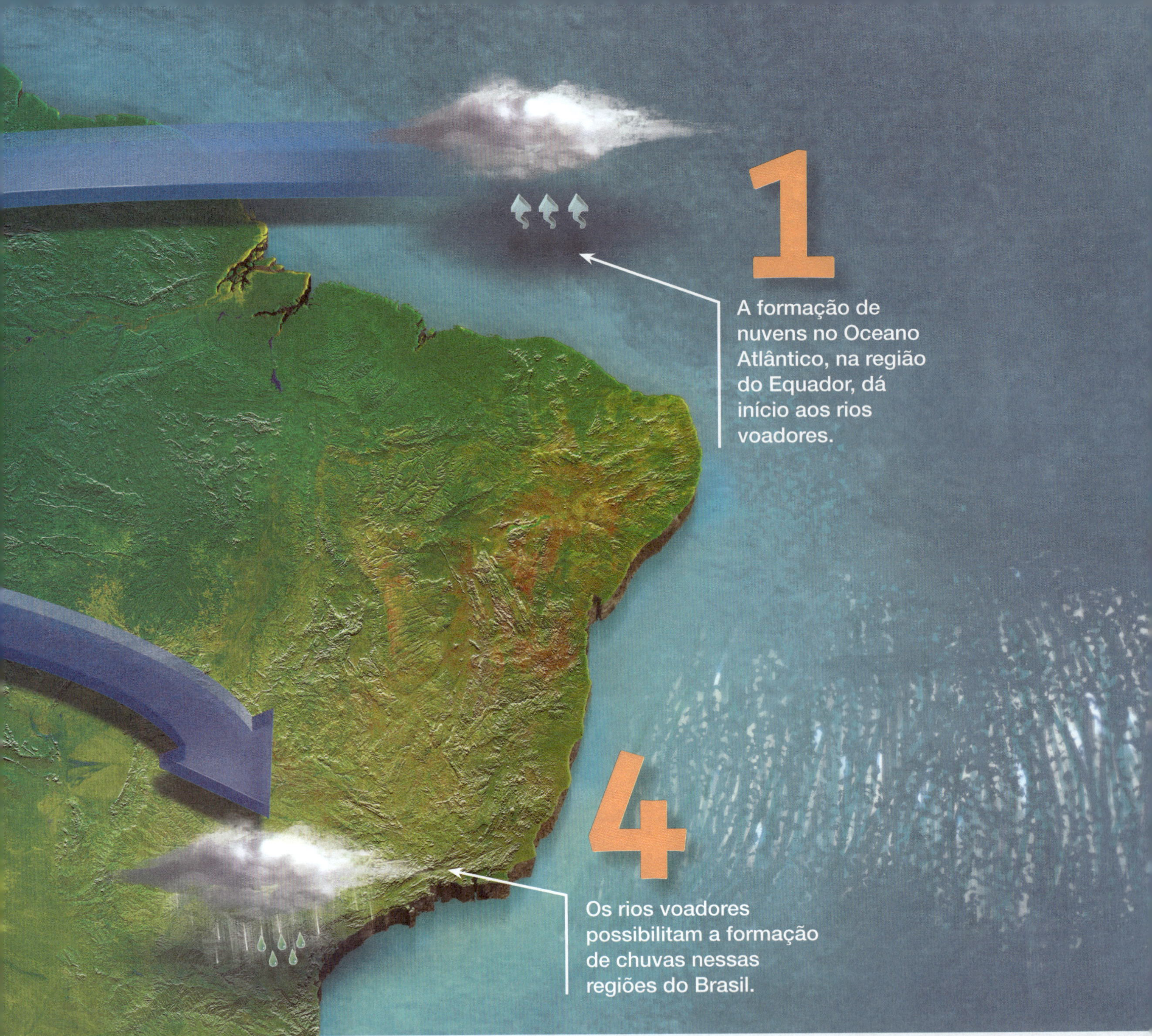

1. Que fatores naturais estão relacionados com o fenômeno dos rios voadores?

   ____

2. Como o desmatamento da floresta amazônica tem afetado a dinâmica dos rios voadores? E como isso interfere na vida das pessoas que moram nas regiões Sudeste e Sul do país?

   ____

   ____

Unidade 4

As grandes regiões do Brasil

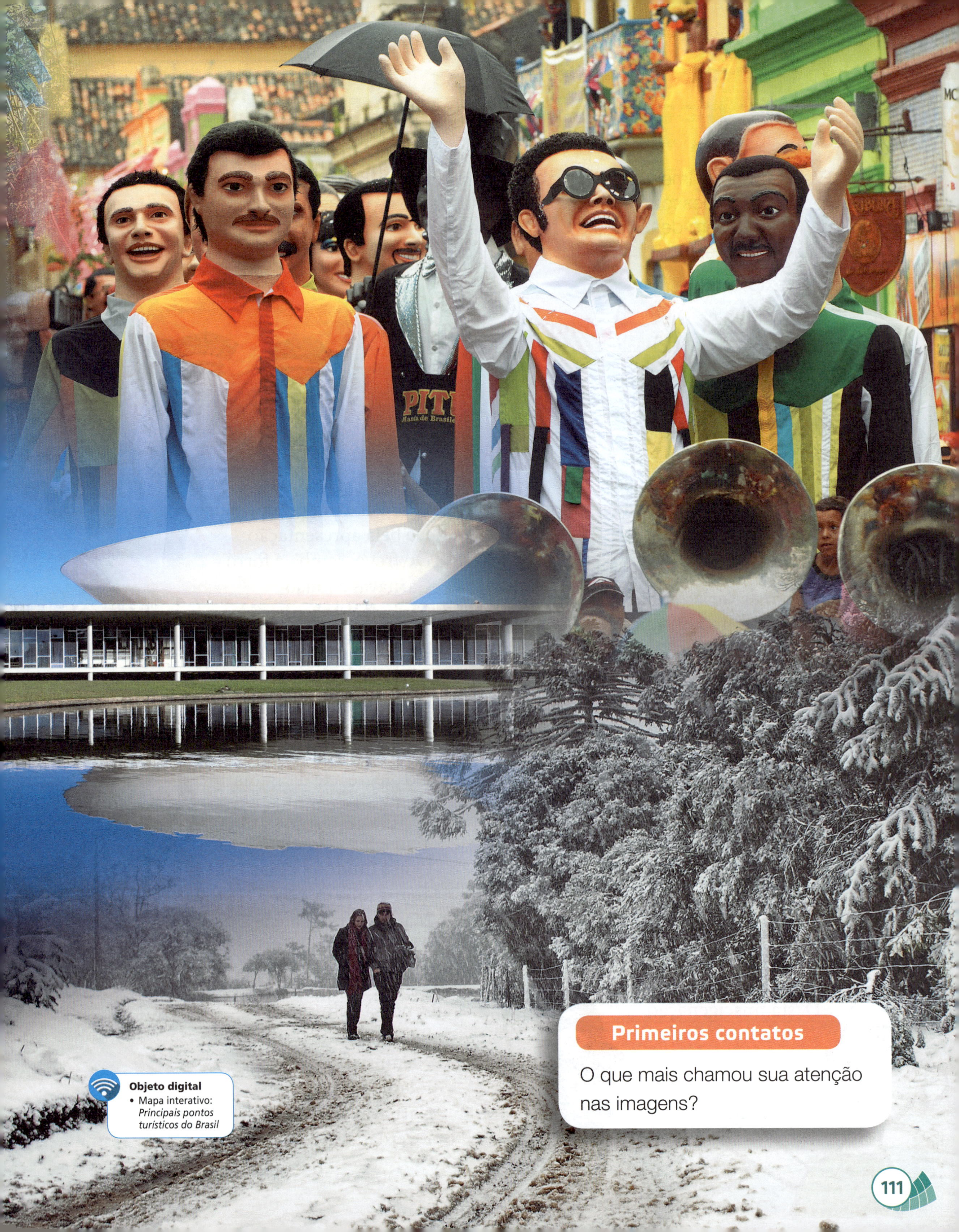

Objeto digital
- Mapa interativo: *Principais pontos turísticos do Brasil*

Primeiros contatos

O que mais chamou sua atenção nas imagens?

19 Brasil: manifestações culturais

O Brasil é um país imenso e repleto de pessoas que mudam de um local para outro. O que essas pessoas têm em comum é o sonho e o desejo de construir uma vida melhor. Além de roupas e objetos pessoais, levam consigo muitos de seus costumes, ou seja, seu jeito de falar, seus hábitos alimentares, suas tradições.

Leia o texto a seguir.

Pluralidade cultural

O nosso país é exemplo
Da grande diversidade
Por sua rica cultura
Sinal de brasilidade
Com todas as diferenças
Mostra a sua pluralidade.

Terra dos muitos sotaques
Cores e manifestações
E com as várias etnias
Preservando as tradições
As diferenças existem
Entre as várias regiões.

Nordestino fala oxente
Que é próprio da região
O mineiro fala uai...
Com muita satisfação
O gaúcho já fala tchê
E numa forte expressão.

Com todas as etnias
Que presentes aqui estão
O negro, branco e índio
Formaram esta nação
Os brasileiros são frutos
Desta miscigenação.

O Brasil é um grande palco
De bela apresentação
Do frevo, samba e forró
Carnaval e folião
Ciranda e coco de roda
Xote, xaxado e baião.

É o país do futebol
Do ritmo e religião
Do *reggae* e bumba meu boi
Presentes no Maranhão
Do alegre axé da Bahia
Com toda a animação.

Tem a festa do divino
Que é muito popular
Tem a folia de reis
Maracatu pra dançar
Além da bela catira
E o belo boi-bumbá.

A nossa cultura é rica
Pois tem forte tradição
Na música e na poesia
E também na religião
Carnaval e futebol
É verdadeira paixão.

[...]

Famosas festas juninas
É uma grande tradição
No nordeste brasileiro
É a maior animação
Fogueira e milho assado
Quadrilha, forró e quentão.

[...]

Esse é o país da alegria
É cheio de sonoridade
Tem ritmo de todo jeito
Forte musicalidade
Sendo um misto de beleza
É sua própria identidade.

Terra dos vários sabores
Com culinária aprovada
Pamonha e acarajé
Pé de moleque, feijoada
Baião de dois, tapioca
Carne de sol, galinhada.

Tem pato no tucupi
E também no tacacá
Tem churrasco com fartura
E o gostoso mungunzá
O chimarrão lá no sul
E na Bahia o vatapá.

Nossa cultura é marcada
Pelos afrodescendentes
Um povo de muita garra
E de coração valente
Que migraram lá da África
Para o nosso continente.

Os nativos do Brasil
Ameríndios brasileiros
Foram quase exterminados
Pelos brancos estrangeiros
Relutaram e sobrevivem
Povo forte e verdadeiro.

[...]

Esse é um breve relato
Da nossa pluralidade
O Brasil é um país
Que tem sua identidade
Mostra em todos os ritmos
A sua originalidade.

Juarês Alencar Pereira. *Pluralidade cultural*. Disponível em: <http://mod.lk/cultura>. Acesso em: 7 jan. 2015.

Quais manifestações culturais citadas no texto acontecem no lugar onde você vive?

Cartografando

Objeto digital
• Atividade interativa

Observe o mapa.

Brasil: principais danças e folguedos

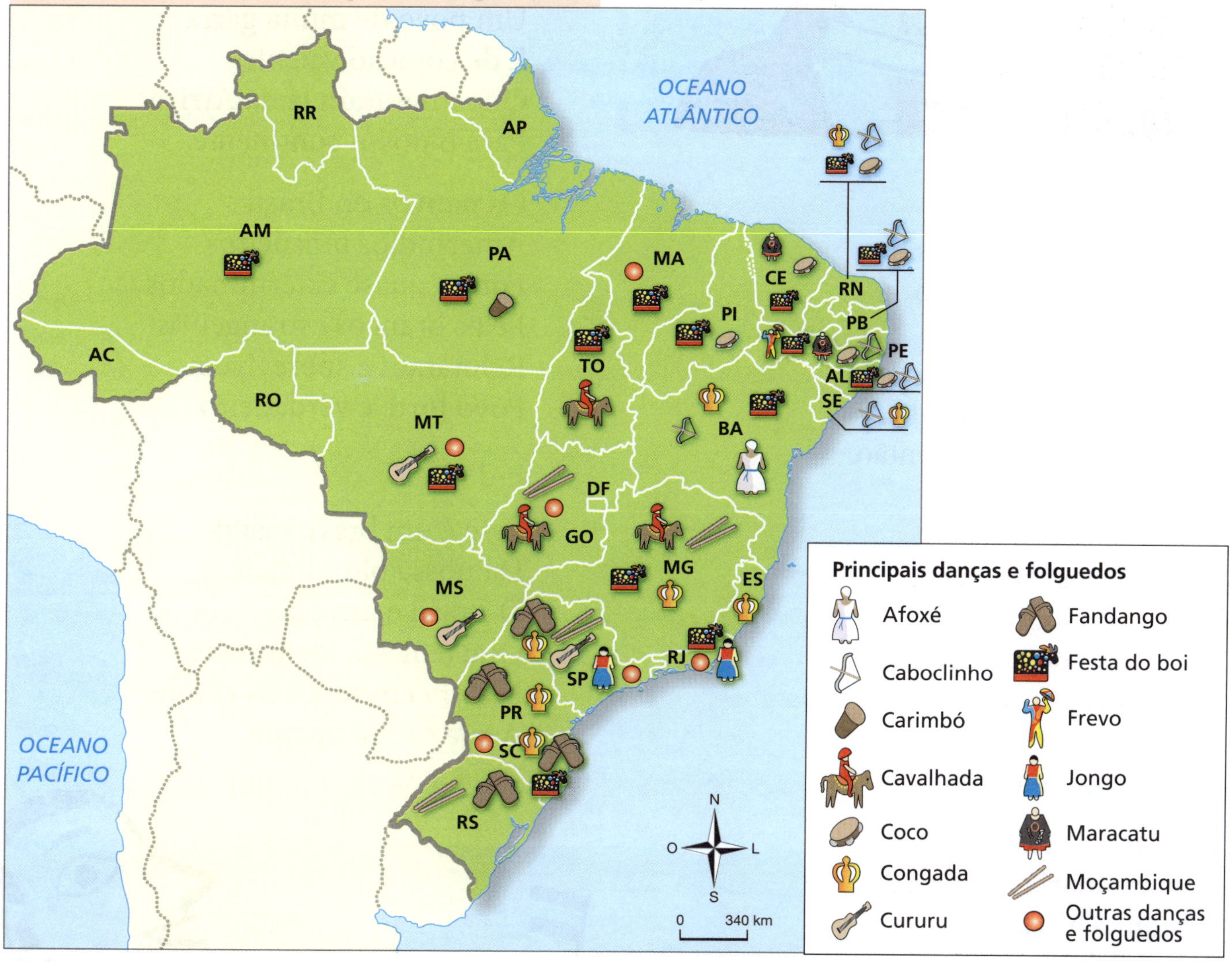

Fonte: *Cadernos de folclore brasileiro*/Funarte 1977-79; Associação Brasileira de Festivais de Folclore e governos dos estados (AM, PA, MA, CE, SE, ES, PR, MT, GO, TO e MS); *Almanaque Abril 2003*: Brasil. São Paulo: Abril, 2003.

- Com base no mapa, complete o quadro com as principais danças e os folguedos que ocorrem em cada região do Brasil.

Região	Danças e folguedos
Norte	
Centro-Oeste	
Nordeste	
Sudeste	
Sul	

Estudo do meio

Para conhecer melhor algumas manifestações culturais da região onde você vive, o professor vai organizar a classe em grupos. Cada grupo vai aprofundar seus estudos sobre uma região e apresentar as descobertas em data a ser definida.

Depois, a classe organizará uma feira cultural para mostrar o trabalho aos colegas de outras salas e, se possível, também aos familiares.

Vocês poderão utilizar as informações do livro e as pesquisas que realizarão durante o trabalho para que todos possam ampliar seus conhecimentos.

Vocês podem pesquisar informações sobre os seguintes temas:

- dança;
- música popular;
- culinária;
- lendas e mitos;
- artesanato;
- festas e folias.

Dicas: procurem fotos. Filmes também são ótimas fontes de pesquisa. Elaborem cartazes para a apresentação do trabalho.

Após a apresentação dos trabalhos, converse com seus colegas e com o professor:

- O que é uma feira cultural e como ela pode ser organizada?
- Quem será o público a visitar a feira? Quando ela será realizada?
- Onde e como serão organizados e expostos os materiais trazidos pelo grupo?

Anote em seu caderno as informações que considerar importantes sobre essa conversa.

20 A Região Norte

A Região Norte ocupa quase metade do território brasileiro. É a região mais extensa e a menos povoada do país. A floresta amazônica e os numerosos rios que cortam toda essa região marcam as atividades econômicas e o modo de vida da população.

Desafio à vista!

Que elementos naturais, sociais, econômicos e culturais caracterizam a Região Norte?

Você já ouviu falar em **Amazônia**, **Pan-Amazônia** ou **Amazônia Internacional**? E em **Amazônia Legal**?

Região Norte: político

Fonte: IBGE. *Atlas geográfico escolar*. 6. ed. Rio de Janeiro: IBGE, 2012.

- **Amazônia**: corresponde à extensa região natural coberta pela floresta amazônica, que ultrapassa os limites dos estados da Região Norte e as fronteiras do Brasil, estendendo-se por outros países da América do Sul. É conhecida também como **Pan-Amazônia** ou **Amazônia Internacional**.
- **Amazônia Legal**: ocupa toda a Região Norte, o estado do Mato Grosso e parte do estado do Maranhão. Esses estados apresentam semelhanças nos aspectos físicos (clima, relevo e vegetação) e também nas características sociais e econômicas.

Que espaço é esse?

Floresta amazônica às margens do Rio Negro, estado do Amazonas, 2014.

Cartografando

Observem o mapa.

Como localizar?

Objeto digital
• Atividade interativa

As várias Amazônias

Fonte: INSTITUTO SOCIOAMBIENTAL. *Almanaque Brasil Socioambiental 2008*. São Paulo: Instituto Socioambiental, 2007.

a) Qual é o título do mapa?

____

b) Quais países formam a Amazônia Internacional?

____

____

c) Além dos estados brasileiros que compõem a Região Norte, quais outros estados estão inseridos na Amazônia Legal?

____

____

d) Qual é o principal rio da Região Norte?

____

Os habitantes da Região Norte

A Região Norte tem uma população de pouco mais de 17 milhões de habitantes. Destes, muitos são indígenas, seringueiros, ribeirinhos e castanheiros.

Os povos indígenas, primeiros habitantes das terras que hoje formam o Brasil, misturaram-se aos portugueses e, mais tarde, no fim do século XIX, aos migrantes nordestinos que foram trabalhar nos seringais e em atividades agropecuárias.

Nos estados do Pará, Amazonas e Tocantins, uma expressiva parcela da população é originária do Nordeste, principalmente do Ceará e do Maranhão. Em Rondônia e no sul dos estados do Amazonas e do Pará, há expressiva concentração de paranaenses e gaúchos cujas famílias mudaram para lá na década de 1970, para colonizar a região.

Peixe pirarucu.

A herança indígena é forte na Região Norte. Na culinária, peixes como o tucunaré, o pirarucu e o matrinxã são bastante apreciados. Em Belém, Manaus e em Rio Branco, a população consome tacacá, um tipo de sopa quente feita com goma de mandioca, jambu (espécie de erva), camarão e pimenta-de-cheiro.

1 A população da Região Norte se caracteriza pela miscigenação? Explique.

2 Como a herança indígena marca a culinária da Região Norte?

Cartografando

Os gráficos a seguir mostram informações sobre a população da Região Norte.

1 Região Norte: população total (2000-2014*)

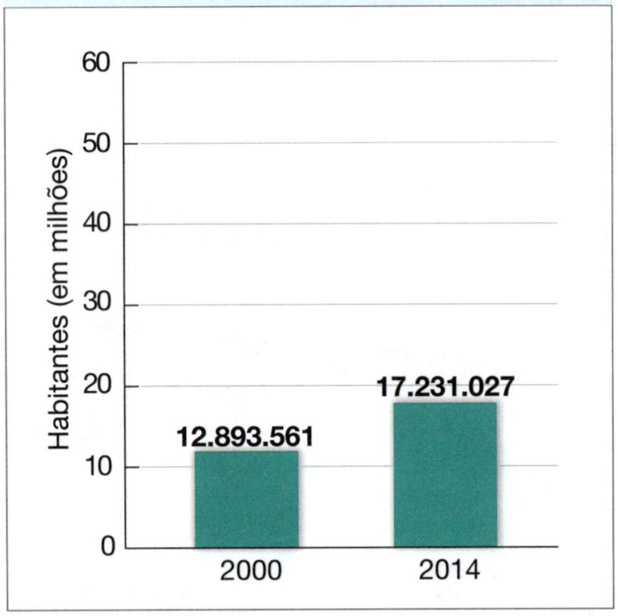

2 Região Norte: população por unidade federativa (2014*)

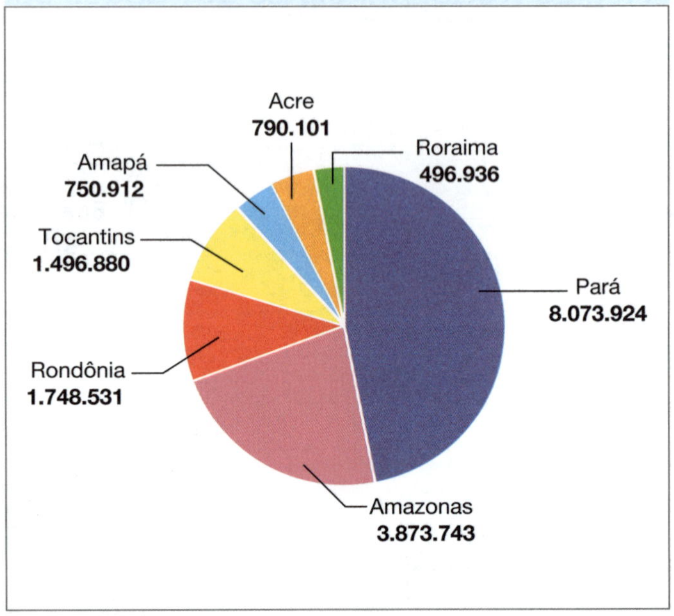

* Estimativa da população para 1º de julho de 2014, de acordo com o IBGE.
Fontes dos gráficos: IBGE. *Sinopse do censo demográfico 2010*. Rio de Janeiro: IBGE, 2011; IBGE. *Estimativa da população residente nos municípios brasileiros com data de referência em 1º de julho de 2014*. Disponível em: <http://mod.lk/pop>. Acesso em: 16 jan. 2015.

1. Qual é a unidade da federação mais populosa da Região Norte?

____

2. Qual é a unidade da federação menos populosa da Região Norte?

____

3. É possível afirmar que os estados do Pará e do Amazonas têm, juntos, mais da metade de toda a população da Região Norte? Explique.

____

____

____

____

4. Qual foi o aumento populacional entre os anos 2000 e 2014 na Região Norte?

____

Atividades econômicas da Região Norte

Desde que a Região Norte foi ocupada, o extrativismo (vegetal, mineral e animal) tem sido uma das principais atividades econômicas praticadas. Para saber mais, observe o mapa a seguir.

Região Norte: principais atividades econômicas

Fonte: Graça Maria Lemos Ferreira; Marcello Martinelli. *Atlas geográfico ilustrado*. 4. ed. São Paulo: Moderna, 2012.

Cartografando

1 O extrativismo é uma atividade econômica de grande importância na Região Norte. Observe o mapa da página anterior.

- Em quais estados são encontrados os produtos listados nos quadros?

Extrativismo mineral	
Produto	Estado

Extrativismo vegetal	
Produto	Estado

2 A criação de bovinos aumenta a cada ano na Região Norte. Em quais unidades da federação se pratica essa atividade econômica?

____

____

3 De acordo com o mapa da página 120, há produção agrícola na Região Norte? De quais produtos?

____

____

____

4 A maioria das indústrias da Região Norte está localizada em quais municípios?

____

____

____

A luta para preservar a floresta

A floresta amazônica apresenta uma enorme biodiversidade. Na floresta vivem muitas espécies de plantas e de animais.

A floresta amazônica vem sendo cada vez mais desmatada, e toda essa diversidade pode desaparecer. Uma das propostas para deter o desmatamento é adotar o desenvolvimento sustentável, cujo princípio é usar racionalmente os recursos naturais, de modo a preservar a floresta.

Várias comunidades da Região Norte exploram os recursos da floresta de forma sustentável, como ocorre na extração da castanha-da-amazônia, do açaí e do látex. Contudo, mais ações ainda precisam ser desenvolvidas. A realização de atividades como a retirada de madeira para a indústria de móveis, a exploração de recursos minerais e o desenvolvimento da agropecuária de forma não sustentável têm contribuído para o aumento do desmatamento da floresta.

Amazônia Legal: desmatamento até 2012

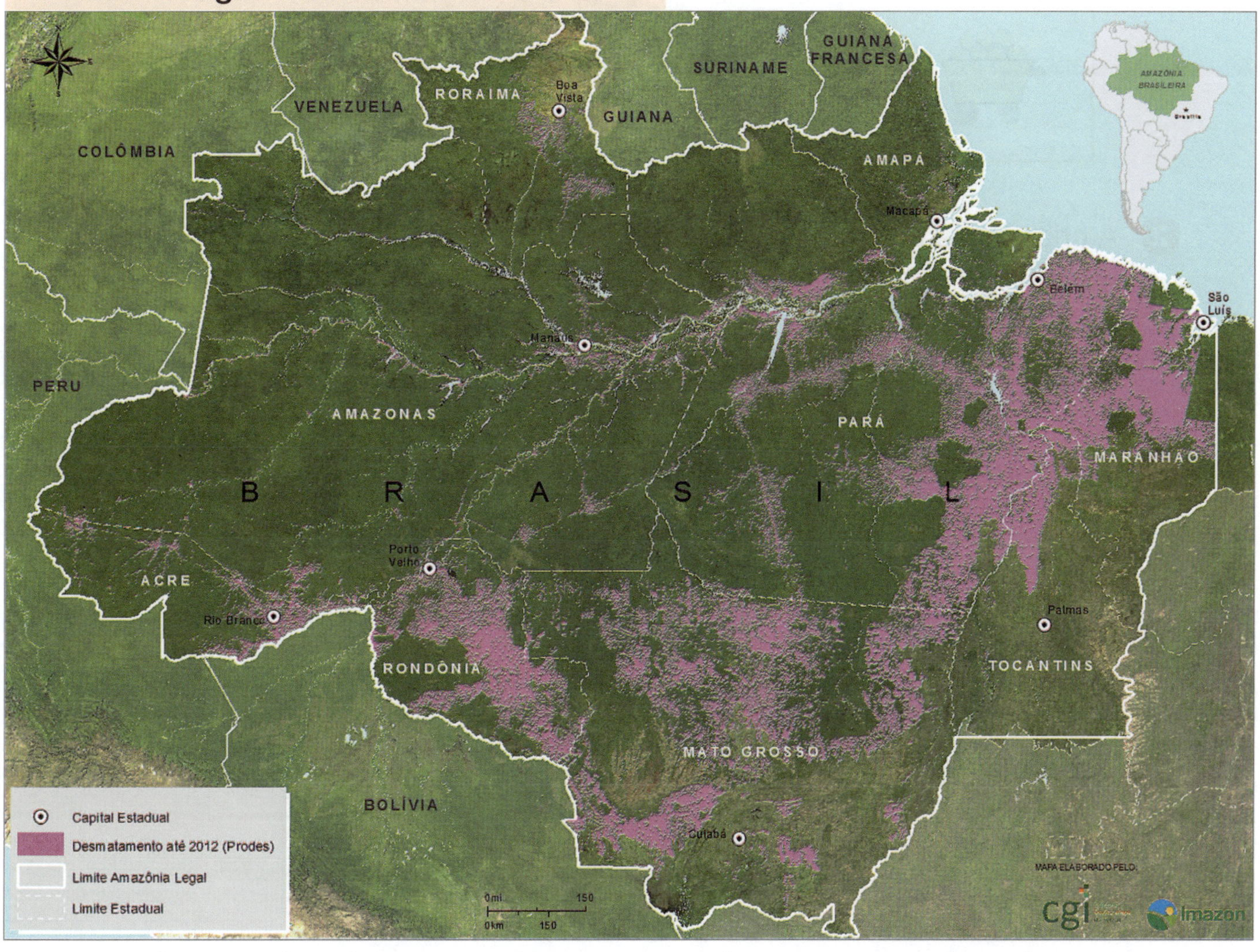

Fonte: Centro de Geotecnologia do Imazon (CGI)/ Imazon – Instituto do Homem e Meio Ambiente da Amazônia.

Cartografando

1 Observe a tabela.

Diversidade de seres vivos na floresta amazônica		
Grupos	**Número de espécies**	**% total mundial**
Plantas	40.000	13%
Mamíferos	425	9,1%
Aves	1.300	13,4%
Répteis	371	5,7%
Anfíbios	427	10,1%
Peixes	3.000 a 9.000	27% (água doce)
Abelhas	2.500 a 3.000	10%
Borboletas	1.800	24%

Fonte: Marcelo Leite. *Brasil*: paisagens naturais. São Paulo: Ática, 2007. p. 26.

- Elabore um gráfico mostrando a porcentagem que as espécies de animais e plantas da floresta amazônica representam em relação ao total mundial.

Diversidade de seres vivos na floresta amazônica em relação ao total mundial (%)

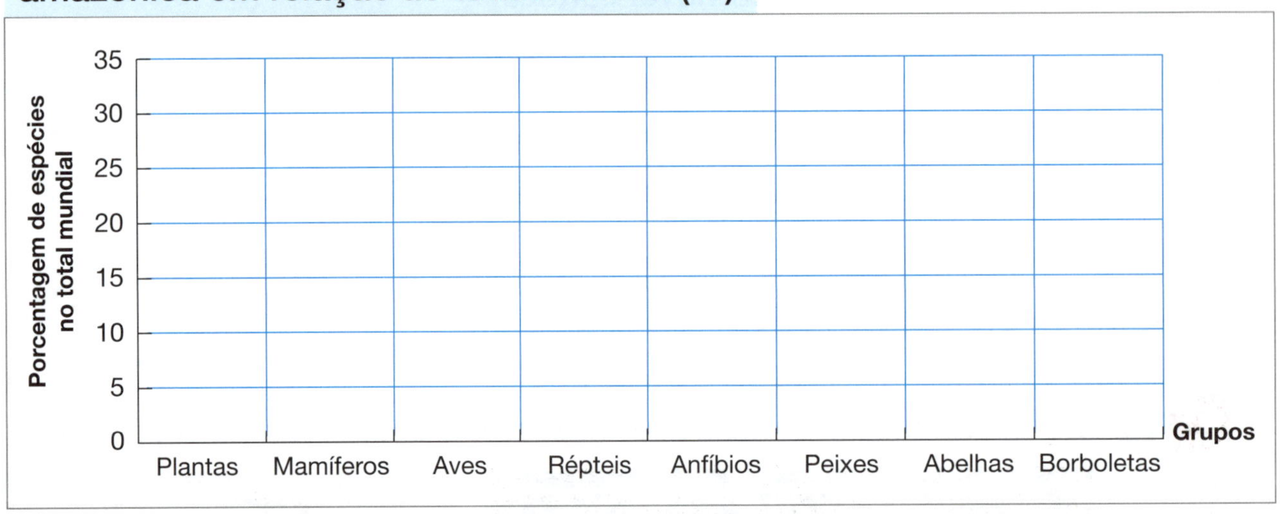

2 Observe o mapa da página anterior. Em quais unidades da federação da Região Norte o desmatamento foi maior?

3 Quais atividades têm contribuído para o aumento do desmatamento da floresta amazônica?

Ligando os pontos

1 Leia o texto.

http://mod.lk/norte

Manifestações culturais

[...] A música, as artes plásticas e a literatura produzidas na região misturam tanto heranças europeias como africanas e indígenas. O carimbó, por exemplo, é um ritmo típico do litoral paraense que tem influências africanas e indígenas. O nome vem de curimbó, uma palavra tupinambá que significa pau oco. [...]

Outra manifestação cultural interessante na região é o Boi de Parintins. No meio do estado do Amazonas, a cidade lota durante os dias do festival em que dois grupos, o do boi Garantido e o do boi Caprichoso, duelam na arena. O boi-bumbá tem origem nas festas juninas portuguesas, mas, em Parintins, a música com um tom épico* fala das belezas da floresta, tem passos que lembram os indígenas e uma produção que, guardadas as devidas proporções, é tão grandiosa e luxuosa quanto o carnaval carioca.

Luís Indriunas. A população amazônica. *Como tudo funciona*. Disponível em: <http://mod.lk/norte>. Acesso em: 12 jan. 2015.

- O carimbó representa a miscigenação na Região Norte? Explique.

____

____

2 Que atividades são mostradas nas fotos a seguir? Como você sabe?

Seringueiro coletando látex no estado do Amazonas, 2013.

Castanheiro com cesto de cocos de castanha--da-amazônia no estado do Pará, 2013.

21 A Região Nordeste

Desafio à vista!

Que elementos naturais, sociais, econômicos e culturais caracterizam a Região Nordeste?

A Região Nordeste apresenta paisagens e modos de vida muito variados. As terras dessa região foram sendo ocupadas desde a chegada dos portugueses. O cultivo de cana-de-açúcar nessas terras foi importante para o crescimento econômico de alguns locais da região durante a colonização.

O Rio São Francisco, que tem suas nascentes em Minas Gerais, passa por quatro estados da Região Nordeste. Considerando que grande parte do Nordeste se encontra em área de clima seco, o Rio São Francisco tem uma função importante para a população.

Região Nordeste: político

Fonte: IBGE. *Atlas geográfico escolar*. 6. ed. Rio de Janeiro: IBGE, 2012.

1. Qual foi a atividade econômica mais importante na Região Nordeste no período da colonização portuguesa?

2. Em sua opinião, por que o Rio São Francisco tem importância para a Região Nordeste?

Que espaço é esse?

Trecho do Rio São Francisco em período seco no município de Xique-Xique, estado da Bahia, em 2014.

As sub-regiões do Nordeste

Por causa das diferenças de clima, relevo, vegetação e ocupação humana, a Região Nordeste é dividida em quatro sub-regiões: Zona da Mata, Agreste, Sertão e Meio-Norte.

Vamos conhecer um pouco dessas sub-regiões?

Nordeste: sub-regiões

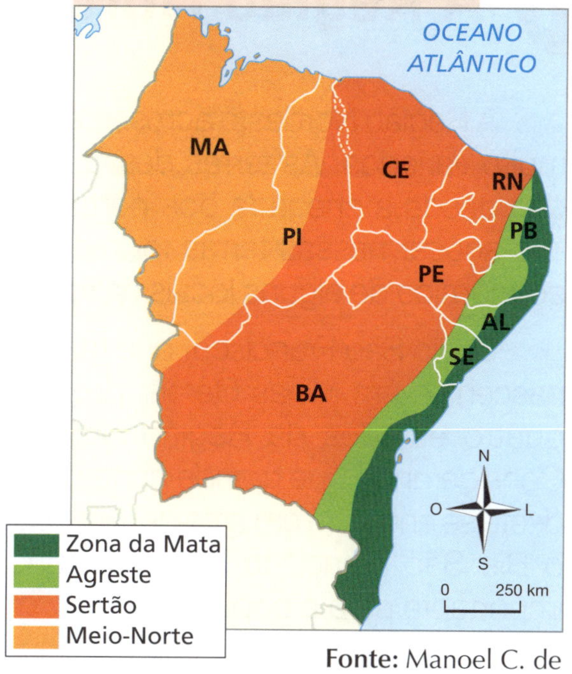

Fonte: Manoel C. de Andrade. *A terra e o homem no Nordeste*. 7. ed. São Paulo: Cortez, 2005.

Zona da Mata

Essa sub-região é bastante ocupada e corresponde à faixa litorânea nordestina. Ela se estende desde o Rio Grande do Norte até a Bahia.

A Zona da Mata recebeu esse nome porque era totalmente ocupada pela mata atlântica. Na atualidade, essa mata está praticamente extinta.

Praia da Ponta Verde no município de Maceió, estado de Alagoas, em 2012.

Agreste

O Agreste se caracteriza pela prática de atividades agrícolas.

Compreende a área de transição entre a Zona da Mata e o Sertão.

Plantação de hortaliças em área do Agreste, no município de Arapiraca, estado de Alagoas, em 2012.

Sertão

Essa é a maior sub-região do Nordeste. Ela se estende por áreas de quase todos os estados nordestinos. No Sertão, podem ocorrer longos períodos de seca. A vegetação de caatinga, típica dessa sub-região, é adaptada à falta de água.

Paisagem do Sertão no município de Rio de Contas, estado da Bahia, 2013.

Palmeiras de babaçu no município de Balsas, estado do Maranhão, em 2014.

Meio-Norte

O Meio-Norte apresenta dois tipos de clima: próximo ao Sertão, o clima é quente e seco; próximo à floresta amazônica, o clima é quente e úmido. Nessa sub-região localiza-se a mata dos cocais, onde são comuns atividades extrativistas, como a extração do babaçu e da carnaúba.

3 Observe o mapa da página anterior e leia os textos. Depois, relacione a sub-região nordestina com a frase correspondente.

Zona da Mata	Ocupa terras situadas entre a Zona da Mata e o Sertão.
Agreste	A mata dos cocais é característica dessa sub-região.
Sertão	A mata atlântica foi praticamente extinta nessa sub-região.
Meio-Norte	É a maior das sub-regiões do Nordeste.

Os habitantes da Região Nordeste

A população da Região Nordeste foi formada por uma mistura de povos: indígenas, portugueses, holandeses, franceses e africanos. Essa mistura originou uma população mestiça, ou parda, de acordo com os termos oficiais do IBGE.

Você vai conhecer alguns dados sobre a população da Região Nordeste por meio da leitura de gráficos.

Cartografando

Os gráficos a seguir mostram informações sobre a população da Região Nordeste.

1 Região Nordeste: população total (2000-2014*)

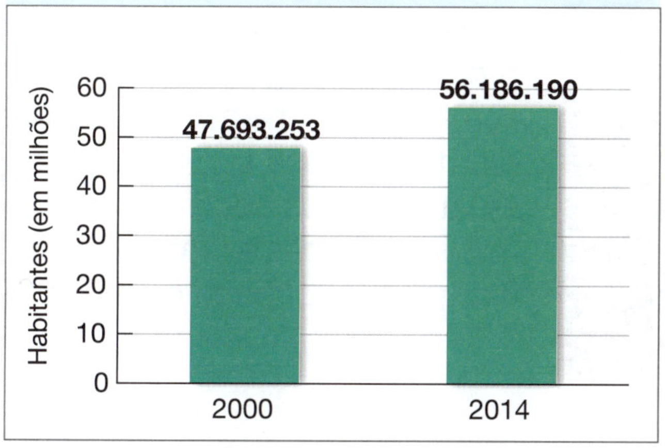

2 Região Nordeste: população por unidade federativa (2014*)

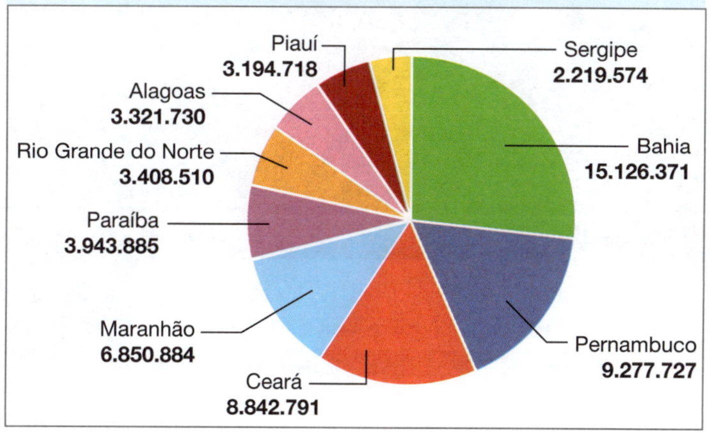

* Estimativa da população para 1º de julho de 2014, de acordo com o IBGE.
Fontes dos gráficos: IBGE. *Sinopse do censo demográfico 2010*. Rio de Janeiro: IBGE, 2011; IBGE. *Estimativa da população residente nos municípios brasileiros com data de referência em 1º de julho de 2014*. Disponível em: <http://mod.lk/pop>. Acesso em: 16 jan. 2015.

1. Qual era a população do Nordeste em 2000? E em 2014?

   ____

2. De 2000 a 2014, a população da Região Nordeste aumentou em quantos habitantes? ______________________________

3. Quais são as três unidades federativas mais populosas da Região Nordeste?

   ____

4. Qual é a soma do número de habitantes da unidade federativa mais populosa com o da menos populosa da Região Nordeste?

   ____

Você sabia?

A riqueza do Sertão

[...] a cultura do Sertão nordestino está certamente entre as mais apreciadas nacionalmente. Do forró à carne de sol, das festas de São João à literatura de cordel, do quilombo dos Palmares ao Padre Cícero, é difícil encontrar quem não conheça ou admire algum aspecto da diversidade sociocultural.

[...] A musicalidade da cultura regional é uma das mais ricas do Brasil. As melodias que nascem dos ritmos locais (além do baião, outras ramificações do forró, como o coco, o xote e o xaxado) embalam as animadas danças [...], ao som de sanfonas, zabumbas, triângulos e rabecas.

Uma das festividades mais populares do interior nordestino são as festas juninas. Tradição de origem católica trazida ao Brasil por colonizadores portugueses e adaptada aos ritmos e à cultura regional, as festas acontecem no mês de junho e homenageiam três santos: Santo Antônio (dia 13), São João (dia 24) e São Pedro (dia 29). As maiores e mais famosas comemorações de São João, que atraem muitos turistas de todo o país, acontecem em Caruaru (PE) e Campina Grande (PB).

A religiosidade é um dos aspectos marcantes da cultura sertaneja. O tipo de peça mais produzido no artesanato local são as imagens de santos, esculpidas em pedaços de pau ou moldadas no barro. [...]

No interior do Nordeste, desenvolveu-se um dos gêneros mais notáveis da literatura popular, o cordel. Versos narram as sagas de heróis do sertão, bem como passagens históricas ou religiosas e casos do cotidiano em tom satírico*. São publicadas em pequenos folhetos ilustrados com xilogravuras. O nome cordel se deve à forma como os folhetos são expostos nas bancas de venda – dependurados em um cordão.

Fonte: Marcelo Leite. *Brasil*: paisagens naturais. São Paulo: Ática, 2007. p. 46-47.

Artesanato em barro, típico da Região Nordeste.

Atividades econômicas da Região Nordeste

A agropecuária e o extrativismo sempre foram atividades importantes na economia da Região Nordeste. Nos últimos anos, essa região vem se desenvolvendo industrialmente e abriga importantes polos, com indústrias petroquímicas, automobilísticas, de informática, entre outras.

O turismo também é uma atividade de destaque, sobretudo nas áreas litorâneas.

Como localizar?

Região Nordeste: principais atividades econômicas

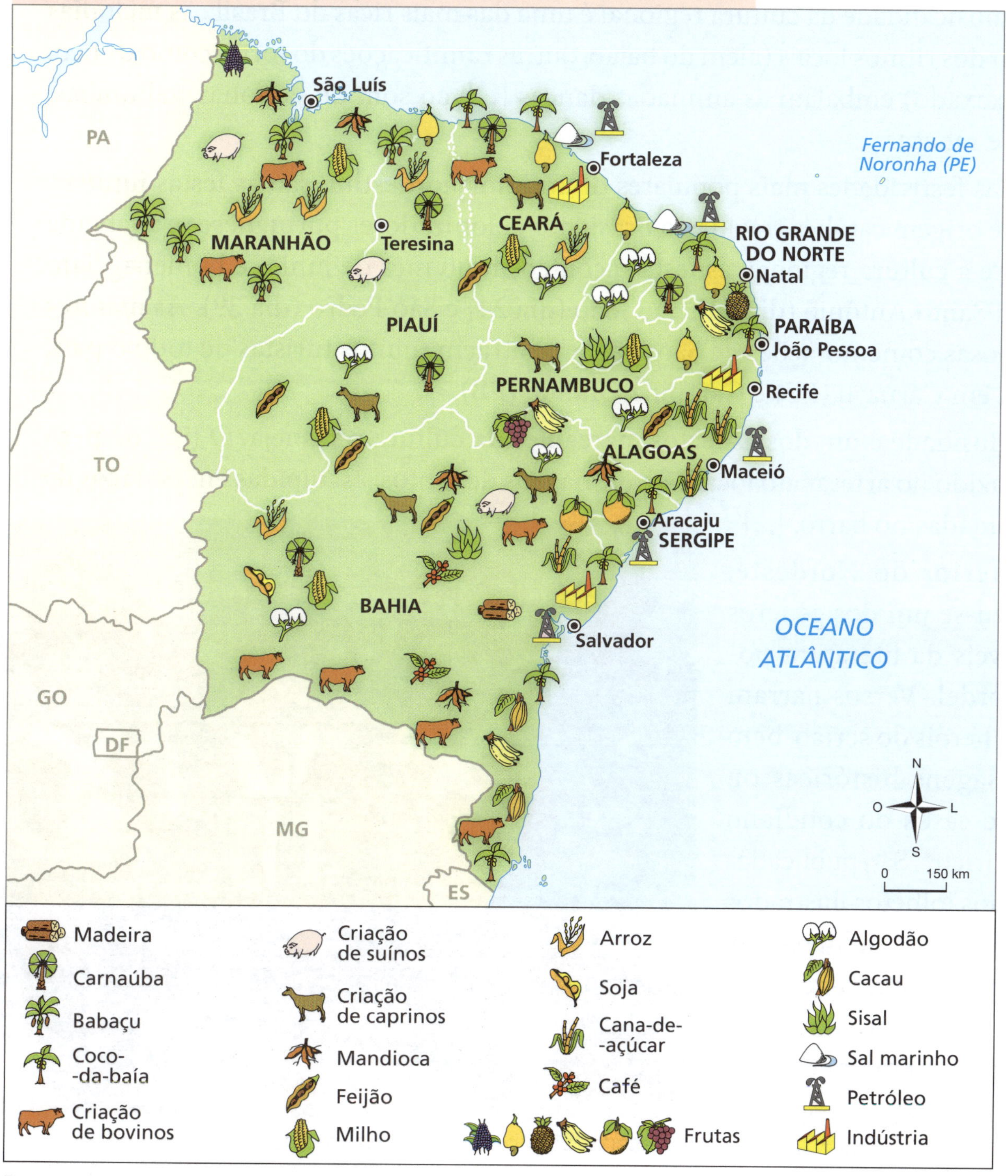

Fonte: Graça M. L. Ferreira; Marcello Martinelli. *Atlas geográfico ilustrado*. 4. ed. São Paulo: Moderna, 2012.

Cartografando

1 Em quais unidades da federação da Região Nordeste ocorre a extração da carnaúba e do babaçu?

____

____

2 Em quais locais estão concentradas as indústrias?

____

3 Em quais unidades da federação da Região Nordeste ocorre a extração de sal marinho?

____

4 O turismo é uma importante atividade econômica da Região Nordeste e ocorre principalmente nas áreas litorâneas. Qual é a única capital da Região Nordeste que não está localizada no litoral?

____

Você sabia?

Os produtos do babaçu e da carnaúba

Da palmeira de babaçu retiram-se as sementes, das quais se extrai um óleo utilizado na fabricação de cremes, cosméticos, sabão, margarina, entre outros produtos.

A palmeira de carnaúba é nativa do Nordeste e suas folhas são grandes e largas. Dela extraem-se: cera, que é usada pela indústria; fibras, que são empregadas na produção de chapéus, esteiras, sacos etc.; e frutos, que são utilizados na alimentação de suínos.

Palmeiras de carnaúba no município de Quixadá, estado do Ceará, em 2015.

Ligando os pontos

1 Encontre o nome das sub-regiões do Nordeste no quadro de letras.

S	A	D	P	G	L	H	T	D	W	D	D	Q
E	R	Q	T	S	P	P	H	F	P	A	Q	A
R	T	M	E	I	O	*	N	O	R	T	E	F
T	J	W	Y	T	Ç	K	A	Q	X	W	P	P
Ã	K	Q	A	G	R	E	S	T	E	P	L	I
O	H	G	P	L	A	T	*	X	L	G	M	F
L	P	J	M	P	D	Q	Ç	H	Ç	P	G	U
Z	O	N	A	*	D	A	*	M	A	T	A	O

2 Assinale as imagens que mostram aspectos da cultura nordestina.

3 Quais são as principais atividades econômicas desenvolvidas na Região Nordeste?

22 A Região Centro-Oeste

No passado, a Região Centro-Oeste se destacou pela exploração de ouro e diamante. A partir da década de 1960, a região passou por grandes transformações, principalmente por causa da construção da capital federal, Brasília, no Distrito Federal. Com a construção da nova capital, a região recebeu um fluxo cada vez maior de migrantes, vindos de diferentes regiões do país.

Desafio à vista!

Que elementos naturais, sociais, econômicos e culturais caracterizam a Região Centro-Oeste?

1 Quando a Região Centro-Oeste começou a passar por grandes transformações e a atrair migrantes de outras regiões do Brasil?

2 De que modo a construção de Brasília influenciou o desenvolvimento da Região Centro-Oeste?

Região Centro-Oeste: político

Fonte: IBGE. *Atlas geográfico escolar*. 6. ed. Rio de Janeiro: IBGE, 2012.

Que espaço é esse?

Operários trabalham na construção de Brasília, em 1957.

Uma população que não para de crescer

A mistura de povos influencia os hábitos, os costumes e as tradições da população da Região Centro-Oeste, assim como ocorre nas demais regiões brasileiras.

Atualmente, a maior parte dos habitantes indígenas vive em parques, como o Parque Indígena do Xingu e o Parque Indígena Aripuanã, ambos localizados no estado do Mato Grosso.

A população urbana se concentra principalmente nas cidades de Brasília, Goiânia, Campo Grande e Cuiabá.

Cartografando

Os gráficos a seguir mostram informações sobre a população da Região Centro-Oeste.

1 Região Centro-Oeste: população total (2000-2014*)

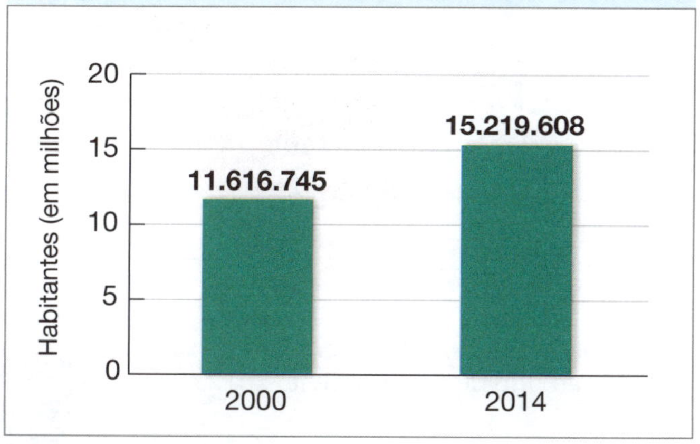

2 Região Centro-Oeste: população por unidade federativa (2014*)

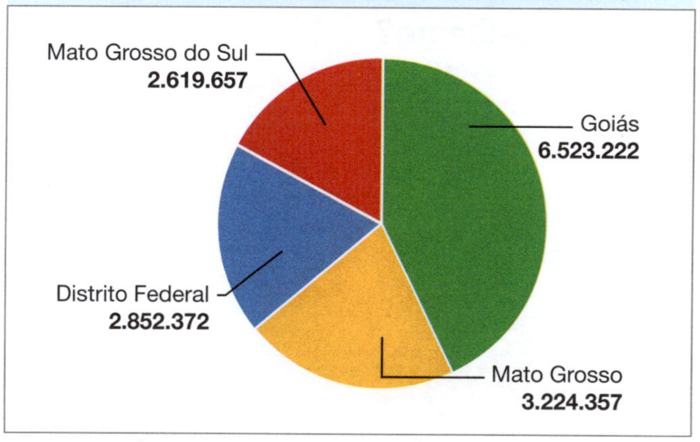

* Estimativa da população para 1º de julho de 2014, de acordo com o IBGE.
Fontes dos gráficos: IBGE. *Sinopse do censo demográfico 2010*. Rio de Janeiro: IBGE, 2011; IBGE. *Estimativa da população residente nos municípios brasileiros com data de referência em 1º de julho de 2014*. Disponível em: <http://mod.lk/pop>. Acesso em: 16 jan. 2015.

1. Qual é a unidade da federação mais populosa da Região Centro-Oeste?

____

2. Qual era o número absoluto de habitantes da Região Centro-Oeste em 2014?

____

3. Qual foi o aumento populacional da região entre os anos 2000 e 2014?

____

Você sabia?

Parque Indígena do Xingu

Localizado no Mato Grosso, [...] o Parque Indígena do Xingu (PIX) é uma importante referência de diversidade ambiental e cultural. Com cerca de 2,6 milhões de hectares*, o parque abriga 5,5 mil índios de 16 etnias que conservam seus costumes e rituais mesmo com a interferência do homem. [...]

Com mais de meio século de existência, o parque possui uma história marcada por invasões, ameaças e lutas pela extensão de seus limites. Sua criação foi possível graças à mobilização iniciada pelos irmãos Leonardo, Cláudio e Orlando Villas-Boas, que, depois de conviverem com os índios da região, decidiram desenvolver ali um programa de proteção que assegurasse uma base territorial para a preservação dos modos tradicionais de vida daqueles povos. [...]

Desde sua criação, o parque sofreu com invasões predatórias regulares de pescadores, garimpeiros e fazendeiros. Além destas ameaças, as queimadas e o avanço da agropecuária no entorno da região trouxeram como consequência a poluição das nascentes dos rios que abastecem as comunidades locais.

Conheça o Parque Indígena do Xingu. *Pensamento Verde*. 8 maio 2014. Disponível em: <http://mod.lk/pxingu>. Acesso em: 8 jul. 2015.

Vista aérea da aldeia Yawalapiti no Parque Indígena do Xingu, município de Gaúcha do Norte, estado de Mato Grosso, em 2012.

3 Leia as palavras do quadro e, com o auxílio de um dicionário e de seus conhecimentos, complete cada ficha com a palavra correspondente.

pantaneiro	Cora Coralina	pequi	cavalhada

1. ______________________

Teatro ao ar livre em que homens montados em cavalos recriam lutas medievais. Foi trazido pelos portugueses.

2. ______________________

Fruto proveniente do cerrado brasileiro e apreciado nos pratos típicos da Região Centro-Oeste. Geralmente é preparado com arroz. Sua característica peculiar: tem espinhos debaixo da polpa.

3. ______________________

Morador do Pantanal, com hábitos e costumes adaptados à natureza local, marcada pelo alagamento das terras durante parte do ano. Geralmente lida com o gado.

4. ______________________

Natural do estado de Goiás, ela é considerada uma das principais poetisas do país. Seu nome de batismo é Ana Lins do Guimarães Peixoto Bretas. Suas obras, em geral, retratam a vida e o cotidiano no interior do Brasil.

4 Você conhece a expressão "boi de piranha"? Leia o texto.

Boi de piranha

Piranha.

Você sabe o que os boiadeiros fazem para atravessar com o gado para a outra margem de um rio cheio de piranhas?

Eles escolhem um boi velho ou doente, fazem um corte no animal para ele sangrar e o colocam para atravessar o rio em local bem distante dos outros animais. Esse boi serve de alimento para as piranhas, atraindo-as para si. Isso permite a travessia segura do restante do rebanho e dos boiadeiros. Por isso, esse boi é chamado de "boi de piranha".

- Converse com seus colegas e, com o auxílio do professor, escreva sua opinião sobre a utilização do "boi de piranha", muito comum no Centro-Oeste brasileiro. Apresente argumentos favoráveis ou contrários a essa prática.

Minha opinião

Atividades econômicas da Região Centro-Oeste

A Região Centro-Oeste vem se desenvolvendo muito em diferentes setores econômicos. A agricultura e a pecuária da região se tornaram destaque na produção brasileira com a utilização de técnicas modernas de produção.

Em geral, essas atividades são praticadas em grandes propriedades visando à exportação, como é o caso da soja. Já a produção pecuária destina-se tanto para exportação como para o mercado interno.

A grande produção agropecuária do Centro-Oeste impulsionou o desenvolvimento industrial da região, principalmente do ramo alimentício.

Região Centro-Oeste: principais atividades econômicas

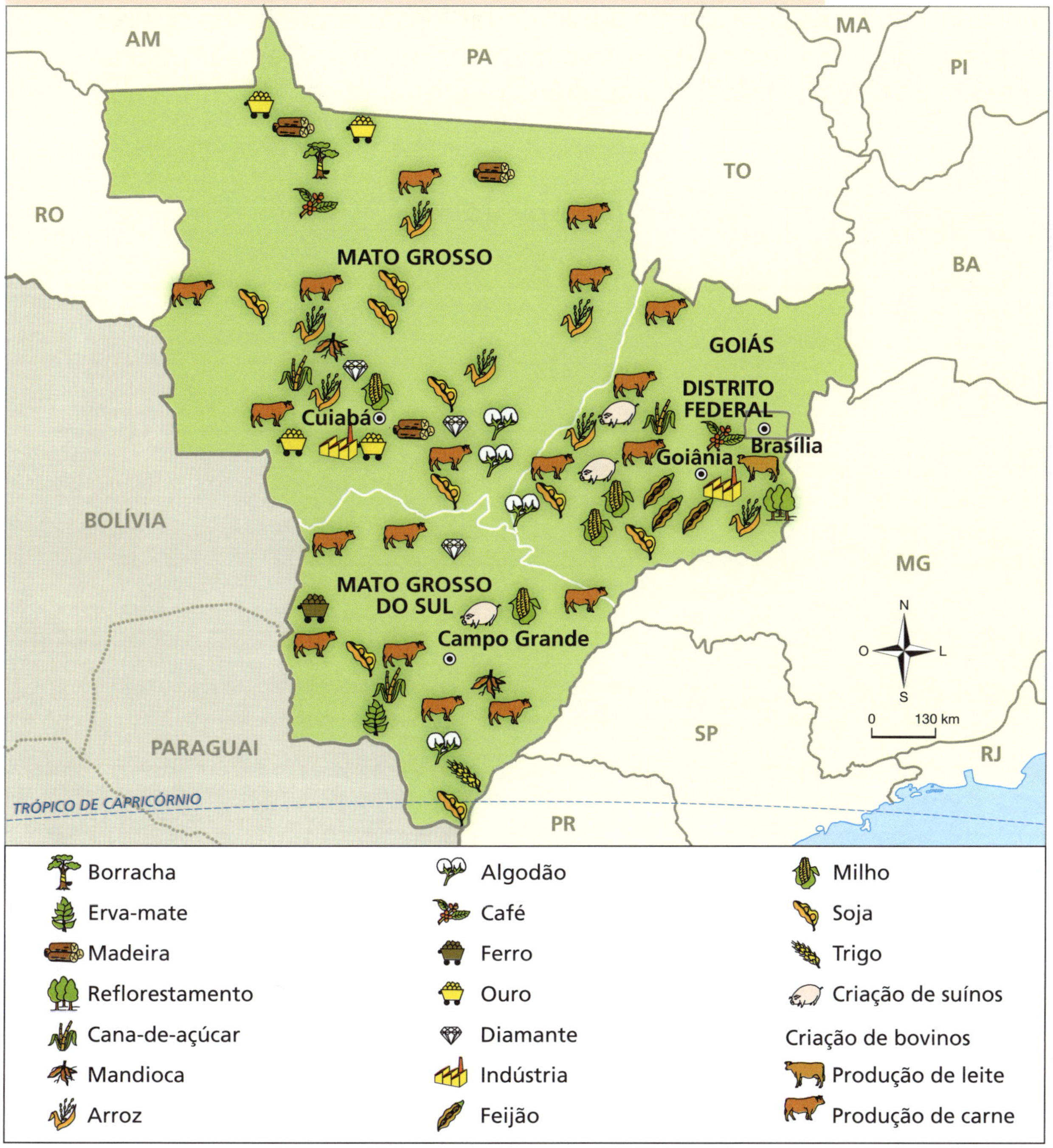

Fonte: Graça Maria Lemos Ferreira; Marcello Martinelli. *Atlas geográfico ilustrado*. 4. ed. São Paulo: Moderna, 2012.

Como localizar?

Cartografando

1 **Observem o mapa da página anterior para responder às atividades.**

a) Migrantes das regiões Sul e Sudeste criaram novos espaços agrícolas na Região Centro-Oeste, principalmente em Mato Grosso do Sul e Goiás. Listem quatro produtos agrícolas cultivados nesses estados.

____

____

____

____

b) A pecuária é uma atividade tradicional na Região Centro-Oeste. Em áreas do Pantanal e do estado de Goiás, encontram-se os maiores rebanhos bovinos do país. De acordo com a legenda do mapa, a que se destinam os rebanhos da região?

____

c) Os estados de Mato Grosso e Mato Grosso do Sul são produtores de minerais. Quais são esses minerais?

____

____

d) Em qual estado da Região Centro-Oeste se concentra o extrativismo da madeira?

____

2 **Observem o mapa novamente e criem uma questão para outra dupla responder. Respondam à questão que a outra dupla criar.**

____

____

____

____

____

____

____

Ligando os pontos

Leia o texto.

Brasília: 50 anos

Em apenas mil dias, o que era apenas mato e terra virou uma cidade. E não uma cidade qualquer, mas a capital do quinto maior país do mundo. Para isso, milhares de homens saíram, sobretudo do Nordeste, para concretizar os traçados do urbanista Lúcio Costa e dar forma às curvas do arquiteto Oscar Niemeyer. Políticos e funcionários públicos deixaram gradativamente a antiga capital do país rumo ao Centro-Oeste. [...]

[...] Brasília foi considerada Patrimônio Histórico e Cultural da Humanidade e tombada pela Unesco em 1987. Além disso, a transferência da capital para o interior do país foi fundamental para o desenvolvimento dessa região e para uma maior integração do território brasileiro. Além de dinamizar as relações entre regiões do país, foi em Brasília que se deu o encontro de cariocas, paulistas, mineiros, sulistas e nordestinos. Dessa mistura nasceu o brasiliense, ou o "candango" – nome que designa tanto os nativos de Brasília como os operários que ergueram a capital.

Governo do Rio de Janeiro. Fique por dentro. *Conexão Professor*. Disponível em: <http://mod.lk/brasilia>. Acesso em: 14 jan. 2015.

1. Por que a transferência da capital para o interior do país foi importante?
2. A agricultura e a pecuária são as principais atividades econômicas da Região Centro-Oeste atualmente. Quais são as principais características dessas atividades no Centro-Oeste?

Vista de Brasília, Distrito Federal, em 2014.

23 A Região Sul

Com traços culturais influenciados principalmente por imigrantes europeus, sobretudo alemães e italianos, a Região Sul se diferencia especialmente pela arquitetura, pelos hábitos alimentares e por suas festas e danças.

Desafio à vista!

Que elementos naturais, sociais, econômicos e culturais caracterizam a Região Sul?

A Região Sul é caracterizada por apresentar as temperaturas mais baixas do Brasil, típicas do clima subtropical. Isso se deve ao fato de a maior parte de suas terras estar localizada ao sul do Trópico de Capricórnio.

Como as temperaturas são muito baixas durante o inverno, pode ocorrer precipitação de neve em áreas serranas.

Região Sul: político

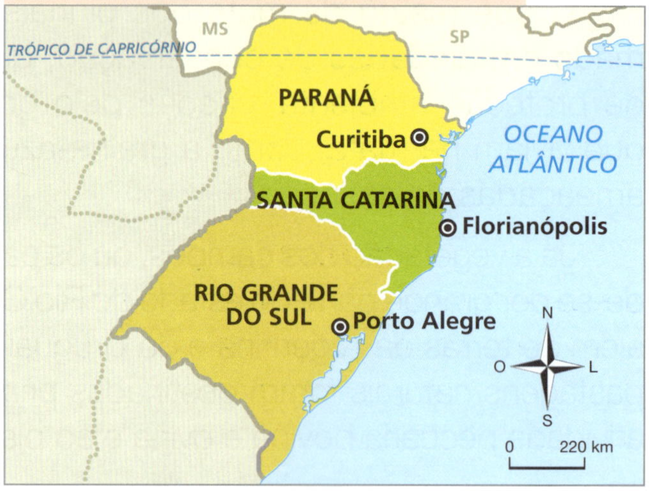

Fonte: IBGE. *Atlas geográfico escolar*. 6. ed. Rio de Janeiro: IBGE, 2012.

1 Na Região Sul, a cultura foi fortemente marcada pela chegada de imigrantes. Qual é o continente de origem da maioria desses imigrantes?

2 Qual é o clima que predomina na Região Sul?

Que espaço é esse?

Paisagem com neve no município de Cambará do Sul, estado do Rio Grande do Sul, em 2013.

Região Sul: a mata dos pinhais e os campos

A mata dos pinhais, ou mata de araucária, como também é conhecida, cobria uma vasta extensão da Região Sul. Com a ocupação humana, a floresta foi, em grande parte, destruída. A madeira da araucária foi e ainda é utilizada para a construção de casas e para a fabricação de móveis. Além disso, extensas áreas foram desmatadas para a prática da agricultura e da pecuária.

O que restou da mata dos pinhais foi transformado em unidades de conservação, que são áreas de proteção ambiental criadas pelo governo. Aves que viviam na mata, como a gralha-azul, hoje estão ameaçadas de extinção.

Já a vegetação dos campos, ou os pampas, estende-se por grande parte do estado do Rio Grande do Sul, além de terras da Argentina e do Uruguai. Suas vastas pastagens naturais foram destinadas principalmente à atividade pecuária bovina e ovina e ao plantio da soja.

Araucária no estado do Paraná.

Região Sul: vegetação original

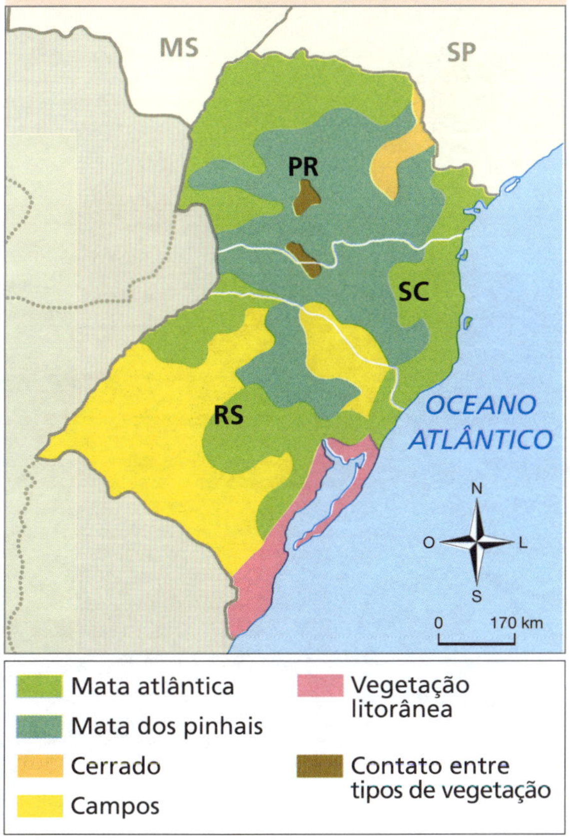

Região Sul: vegetação atual

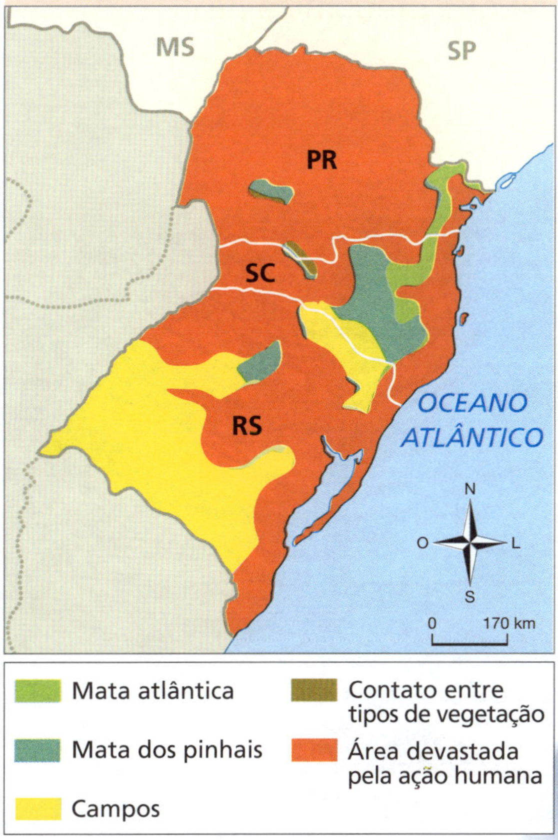

Houve transformação?

Fonte dos mapas: Graça Maria Lemos Ferreira. *Atlas geográfico*: espaço mundial. 4. ed. São Paulo: Moderna, 2013.

3 Que diferença existe em relação às áreas ocupadas pela mata dos pinhais nos dois mapas da página anterior?

4 Por que grande parte da mata dos pinhais foi destruída?

5 Que diferença existe em relação às áreas ocupadas pelos campos nos dois mapas da página anterior?

6 Observando os mapas da página anterior, o que se pode afirmar sobre a preservação da vegetação na Região Sul?

A população da Região Sul

A Região Sul é fortemente influenciada pela cultura de povos imigrantes europeus. Essa influência pode ser percebida no modo de falar, de vestir, na arquitetura e na culinária.

Embora os indígenas tenham sido os primeiros habitantes da região, hoje constituem uma parcela pouco expressiva da população.

As terras das atuais unidades federativas do Paraná e de Santa Catarina começaram a ser ocupadas por povos não indígenas no século XVII, quando chegaram os açorianos*. Somente no século XIX a região passou a ser ocupada por alemães, italianos, ucranianos, poloneses, entre outros.

Cartografando

1 Observe os gráficos.

1 Região Sul: população total (2000-2014*)

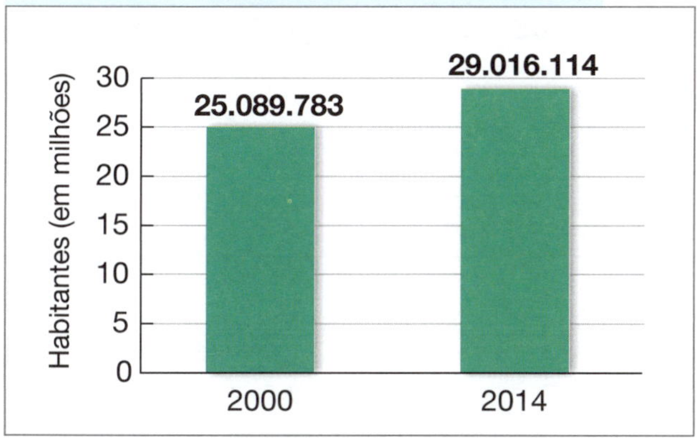

2 Região Sul: população por unidade federativa (2014*)

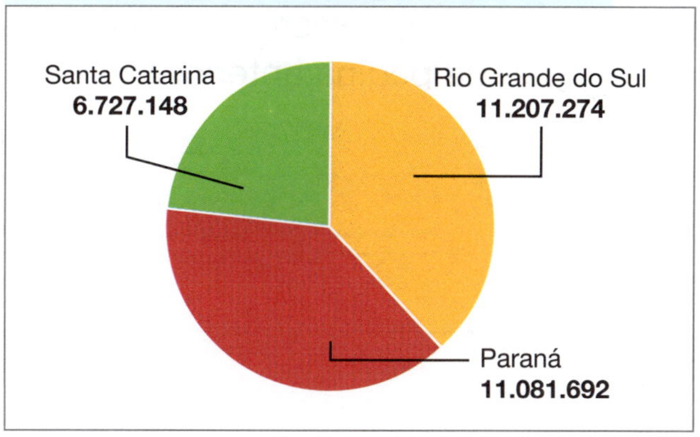

* Estimativa da população para 1º de julho de 2014, de acordo com o IBGE.
Fontes dos gráficos: IBGE. *Sinopse do censo demográfico 2010*. Rio de Janeiro: IBGE, 2011; IBGE. *Estimativa da população residente nos municípios brasileiros com data de referência em 1º de julho de 2014*. Disponível em: <http://mod.lk/pop>. Acesso em: 16 jan. 2015.

a) Qual é a diferença entre o total da população dos dois estados mais populosos da Região Sul?

____

b) Qual foi o crescimento da população na Região Sul entre 2000 e 2014?

____

2 Releia o texto e os gráficos desta página. Em seguida, crie uma questão para um colega responder. Responda à questão criada pelo colega.

Você sabia?

Hábitos culturais da Região Sul

A Região Sul teve sua formação cultural mais influenciada por imigrantes europeus do que por índios ou africanos. As colônias de alemães, italianos, poloneses e ucranianos, por exemplo, enriqueceram as tradições e expressões culturais da região. Além das danças fortemente marcadas por características europeias, a arquitetura sulista é outra parte da arte dessa região bastante influenciada por imigrantes. Em Santa Catarina, por exemplo, há uma grande quantidade de casas que ainda mantêm a arquitetura tipicamente europeia.

Carolina Shimoda. A formação da arte brasileira a partir da miscigenação cultural. 3 set. 2013. *Agência J.Press de Reportagens*. Disponível em: <http://mod.lk/sul>. Acesso em: 15 jan. 2015.

Construções de arquitetura europeia no município de Blumenau, estado de Santa Catarina, em 2012.

Atividades econômicas da Região Sul

As diversas atividades econômicas desenvolvidas na Região Sul, da agropecuária, da indústria ou do comércio, estão diretamente relacionadas à presença de imigrantes.

A Região Sul é uma das mais industrializadas do Brasil. Nessa região existem indústrias metalúrgicas e de beneficiamento de produtos agropecuários, como as indústrias de laticínios, os frigoríficos e as vinícolas, principalmente. Destacam-se, também, as indústrias de confecção de roupas e de calçados.

Região Sul: principais atividades econômicas

Como localizar?

Fonte: Graça Maria Lemos Ferreira; Marcello Martinelli. *Atlas geográfico ilustrado*. 4. ed. São Paulo: Moderna, 2012.

Cartografando

1 Que recurso energético é extraído no estado de Santa Catarina?

2 No estado do Rio Grande do Sul, os italianos concentraram-se nos municípios de Bento Gonçalves, Garibaldi e Caxias do Sul. Quais são os produtos agrícolas cultivados nesse estado?

3 Nas cidades de Blumenau, Brusque e Joinville, localizadas no estado de Santa Catarina, os alemães desenvolveram indústrias têxteis, de cristais e de porcelana. Quais atividades ligadas à pecuária predominam no estado de Santa Catarina?

4 Os imigrantes japoneses concentraram-se no norte do Paraná, onde a terra roxa favoreceu a agricultura do café. Atualmente, além do café, quais outros produtos agrícolas são cultivados nesse estado?

Pesquise

Como é utilizado o carvão mineral extraído em Santa Catarina? Ele é um carvão de boa qualidade?

Mineradora de carvão no município de Forquilhinha, estado de Santa Catarina, em 2011.

Ligando os pontos

1 No inverno, costuma ocorrer precipitação de neve em todos os locais da Região Sul. Essa afirmativa está correta? Por quê?

____

____

____

____

2 Leia esta quadra popular e identifique elementos característicos da Região Sul.

Montei meu cavalo zaino*,
Vermelho cor de pinhão,
Fui na casa da morena,
Nem me deu um chimarrão.

Ricardo Azevedo. *Cultura da terra*. São Paulo: Moderna, 2008. p. 13.

____

____

____

____

____

____

3 O professor vai organizar a classe em grupos. Cada grupo deverá montar um painel sobre os diferentes grupos de imigrantes que se estabeleceram na Região Sul: alemães, italianos, açorianos, ucranianos, poloneses e japoneses. Pesquisem informações sobre:

- locais onde esses imigrantes se fixaram;
- características da arquitetura;
- principais atividades econômicas praticadas;
- festas e tradições.

4 Imagine que você fará uma viagem para a Serra Gaúcha, onde estão localizados os municípios de Canela e Gramado.

Município de Gramado, estado do Rio Grande do Sul, 2012.

Município de Canela, estado do Rio Grande do Sul, 2012.

a) Que locais e atrativos você gostaria de visitar? Por quê?

____

____

b) Quais hábitos culturais relacionados aos imigrantes europeus podem ser percebidos e vivenciados nessas localidades?

____

____

24 A Região Sudeste

A Região Sudeste apresenta a maior concentração da população brasileira e é a mais desenvolvida do país do ponto de vista econômico.

O desenvolvimento econômico acarretou melhores condições de vida para uma parcela da população, mas, de outro lado, ocasionou graves problemas: falta de moradia, ocupação de áreas inadequadas para moradias, violência, falta de assistência médica, entre outros.

Desafio à vista!

Que elementos naturais, sociais, econômicos e culturais caracterizam a Região Sudeste?

1 Que relações podem ser estabelecidas entre o texto e as fotos desta e da página seguinte?

Região Sudeste: político

Fonte: IBGE. *Atlas geográfico escolar*. 6. ed. Rio de Janeiro: IBGE, 2012.

Que espaço é esse?

Vista de parte do município de São Paulo, estado de São Paulo, em 2013.

Vista de parte do município de Vitória, estado do Espírito Santo, em 2014.

Vista de parte do município de Belo Horizonte, estado de Minas Gerais, em 2014.

Pesquise

O professor vai organizar a classe em grupos. Cada grupo vai escolher uma importante cidade da Região Sudeste e pesquisar informações sobre os aspectos positivos e negativos relacionados à população, à economia e à cultura dessa cidade.

- Para apresentar os resultados da pesquisa, cada grupo deverá gravar uma chamada de rádio (áudio) ou de telejornal (vídeo) que mostre os principais tópicos do noticiário do dia.
- As chamadas devem ser apresentadas à sala, para que os alunos identifiquem características comuns ou específicas sobre as cidades escolhidas.

A formação da população

Os povos indígenas foram os primeiros habitantes da Região Sudeste, assim como nas demais regiões do Brasil. Com a vinda dos colonizadores portugueses e de outros europeus, tiveram início a ocupação e a exploração das terras.

Africanos escravizados foram trazidos à Região Sudeste para trabalhar na mineração e nas plantações de cana-de-açúcar e de café.

Com a proibição da entrada de africanos escravizados no Brasil em 1851, foi necessário substituir a mão de obra escrava nas fazendas de café. Isso acarretou a vinda de imigrantes italianos, espanhóis e alemães. Depois, chegaram os sírios, os libaneses e os japoneses. Mais recentemente, vieram chineses e coreanos.

Leia o texto.

Tempos difíceis

Nas fazendas, a disciplina e o regime de trabalho eram intensos. Trabalhavam os homens, as mulheres e as crianças.

Acordavam às 4 horas da manhã e, às 5h30, iniciavam o trabalho, que ia até o anoitecer. Ao longo de 12 meses do ano, sem descanso, plantavam, carpiam e colhiam o café. As mulheres e os jovens chegavam a cuidar de aproximadamente mil pés de café, enquanto os homens adultos tratavam de 2 mil pés [...].

Muitos fazendeiros permitiam o cultivo de outras culturas entre os pés de café, o que garantia a alguns colonos um pouco mais de dinheiro no final da colheita. Mas, em caso de falta grave, o imigrante podia ser dispensado e seus bens confiscados pelo fazendeiro para saldar eventuais dívidas. Não havia escola para as crianças e tampouco assistência médica [...].

Muitos colonos abandonaram as fazendas rompendo o contrato ou fugindo da sanha* dos proprietários. Muitos voltaram para seu país de origem. Alguns foram em busca do sonho de enriquecimento na Argentina. Outros tantos deixaram as fazendas para se instalar em núcleos urbanos [...].

Claudia Izique. Revista *Horizonte Geográfico*. São Paulo, n. 67, jan./fev. 2000. p. 64-67.

Imigrantes italianos trabalhando na colheita de café no interior do estado de São Paulo, 1920.

2 Africanos escravizados foram trazidos à Região Sudeste para trabalhar em quais atividades?

3 Que fato histórico ocorrido em 1851 estimulou a vinda de imigrantes para as terras que formariam a Região Sudeste?

4 Qual é o tema principal do texto "Tempos difíceis"?

5 De acordo com o texto, como era a jornada de trabalho dos imigrantes?

6 Como era a relação entre os imigrantes e os fazendeiros proprietários das terras?

7 Qual era a situação dos filhos dos imigrantes?

Atualmente, a Região Sudeste é a mais populosa do país, com pouco mais de 85 milhões de habitantes. A maior parte de seus habitantes, cerca de 93%, vive nas cidades.

Cartografando

1 Observem os gráficos.

1 **Região Sudeste: população total (2000-2014*)**

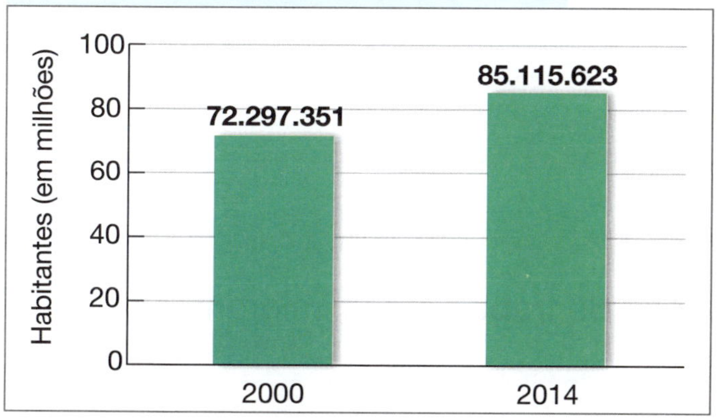

2 **Região Sudeste: população por unidade federativa (2014*)**

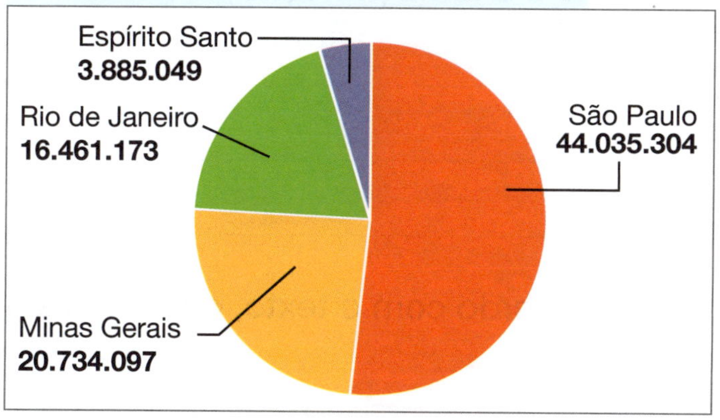

* Estimativa da população para 1º de julho de 2014, de acordo com o IBGE.
Fonte dos gráficos: IBGE. *Sinopse do censo demográfico 2010*. Rio de Janeiro: IBGE, 2011; IBGE. *Estimativa da população residente nos municípios brasileiros com data de referência em 1º de julho de 2014*. Disponível em: <http://mod.lk/pop>. Acesso em: 16 jan. 2015.

- De acordo com o número da população, listem as unidades federativas em ordem decrescente.

2 Observem a tabela sobre o crescimento da população.

Aumento da população entre os anos 2000 e 2014*, por região (em número absoluto de habitantes)

Região Norte	Região Nordeste	Região Centro-Oeste	Região Sul	Região Sudeste
4.337.466	8.492.937	3.602.863	3.926.331	12.818.272

* Estimativa da população para 1º de julho de 2014, de acordo com o IBGE.
Fontes: IBGE. *Sinopse do censo demográfico 2010*. Rio de Janeiro: IBGE, 2011; IBGE. *Estimativa da população residente nos municípios brasileiros com data de referência em 1º de julho de 2014*. Disponível em: <http://mod.lk/pop>. Acesso em: 16 jan. 2015.

a) Qual região apresentou o maior aumento da população? E o menor?

b) Qual é a soma total do aumento da população das cinco regiões entre os anos de 2000 e 2014?

Você sabia?

Municípios com a maior e a menor população do Brasil

De acordo com o Instituto Brasileiro de Geografia e Estatística (IBGE), os municípios com a menor e a maior população do Brasil localizam-se na Região Sudeste.

Em 2014, o município de Serra da Saudade, localizado no estado de Minas Gerais, tinha uma população estimada de 822 habitantes, a menor do Brasil.

Já o município com a maior população, em 2014, era São Paulo, capital do estado de São Paulo. O município tinha uma população estimada de 11.895.893 habitantes.

Vista do município de Serra da Saudade, estado de Minas Gerais, em 2010.

Vista do município de São Paulo, estado de São Paulo, em 2013.

Atividades econômicas do Sudeste

O desenvolvimento do cultivo do café, especialmente no estado de São Paulo, favoreceu o estabelecimento de indústrias. Atualmente, a Região Sudeste é a mais industrializada do país, com fábricas de todos os tipos. A região também se destaca no extrativismo mineral, na agricultura e na pecuária.

O crescimento das indústrias da Região Sudeste modificou a paisagem e o modo de vida da população.

Região Sudeste: principais atividades econômicas

Fonte: Graça Maria Lemos Ferreira; Marcello Martinelli. *Atlas geográfico ilustrado*. 4. ed. São Paulo: Moderna, 2012.

Como localizar?

Cartografando

Objeto digital
- Atividade: *Regiões brasileiras: atividades econômicas*

1 Após a leitura do mapa da página 156, completem o quadro. Nas duas últimas colunas, escolham um produto para completar.

Estados que produzem café	Estados que produzem petróleo	Estados que produzem carne e leite	Estados que produzem ______	Estados que produzem ______

2 Quais são os principais produtos agrícolas da Região Sudeste?

____

____

3 Qual unidade federativa se destaca no setor industrial?

____

4 Qual unidade federativa se destaca na exploração de minérios? Quais são eles?

____

5 Na Região Sudeste se desenvolve a criação de animais. Destaquem as unidades federativas dessa região com criação de:

a) bovinos para a produção de leite.

____

b) bovinos para a produção de carne.

____

c) suínos.

____

Ligando os pontos

1 Complete as legendas das fotos, explicando o que cada uma mostra e como isso caracteriza a Região Sudeste.

Parte do município de Betim, estado de Minas Gerais, em 2014.

Parte do município do Rio de Janeiro, estado do Rio de Janeiro, em 2013.

Rua no município de São Paulo, estado de São Paulo, em 2014.

Objeto digital
• Atividade interativa

2 Agora é hora de jogar! No final do seu livro, você encontrará o **Jogo das Regiões Brasileiras**. Reúna-se com seus colegas, sigam as instruções do verso do tabuleiro e verifiquem o que aprenderam sobre a diversidade das cinco grandes regiões brasileiras.

- Quais foram as suas descobertas sobre as regiões brasileiras?

Refletindo mais

O Brasil que queremos

Durante este ano, você estudou temas importantes da Geografia, conheceu um pouco mais sobre o país onde vive, os costumes de sua gente, suas paisagens e riquezas naturais, suas manifestações culturais e também os problemas que a sociedade brasileira enfrenta.

Você faz parte da população brasileira e, ao conhecer melhor as características e os problemas do Brasil, poderá refletir, sonhar e promover mudanças. Além das ações políticas necessárias para que nosso país se torne mais justo e humano, é preciso que cada um de nós, brasileiros, atue como cidadão consciente de seus direitos e deveres.

Leia os desejos de alguns alunos de uma escola para o Brasil.

Será que esses desejos são parecidos com os seus?

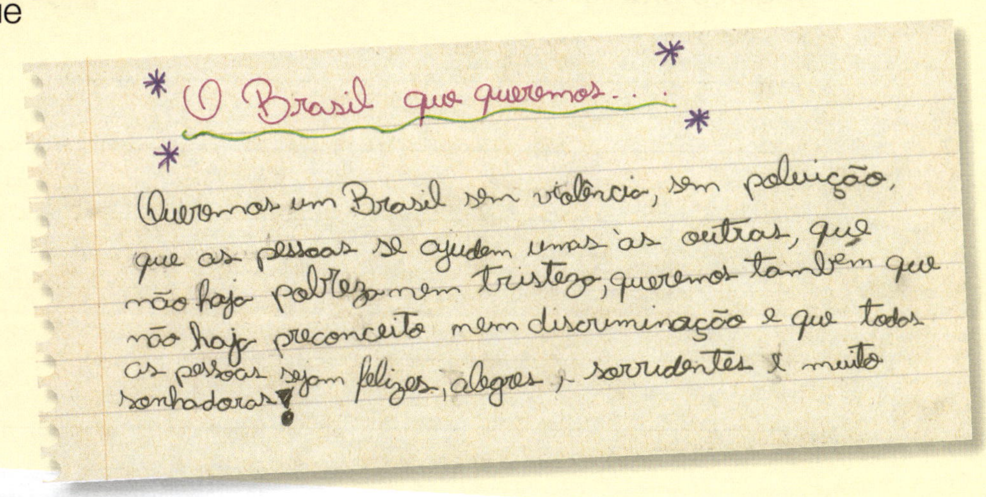
O Brasil que queremos...

Queremos um Brasil sem violência, sem poluição, que as pessoas se ajudem umas às outras, que não haja pobreza nem tristeza, queremos também que não haja preconceito nem discriminação e que todas as pessoas sejam felizes, alegres, sorridentes e muito sonhadoras!

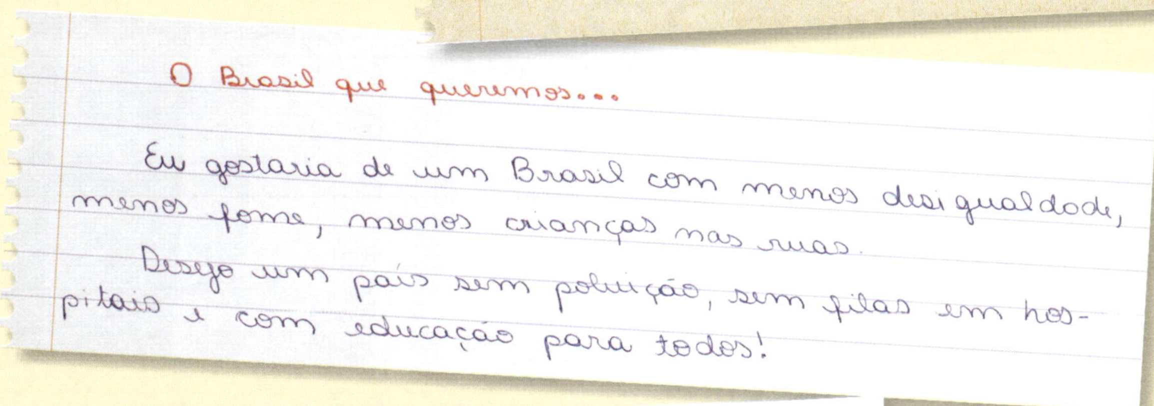
O Brasil que queremos...

Eu gostaria de um Brasil com menos desigualdade, menos fome, menos crianças nas ruas.

Desejo um país sem poluição, sem filas em hospitais e com educação para todos!

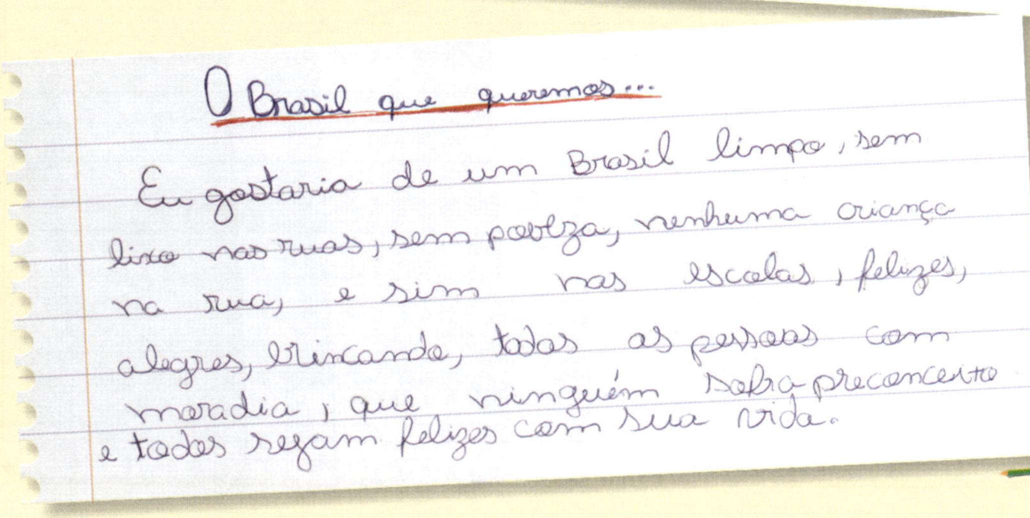
O Brasil que queremos...

Eu gostaria de um Brasil limpo, sem lixo nas ruas, sem pobreza, nenhuma criança na rua, e sim nas escolas, felizes, alegres, brincando, todas as pessoas com moradia, que ninguém sofra preconceito e todos sejam felizes com sua vida.

E você, o que deseja para o Brasil? Escreva um texto, faça um desenho e apresente o seu trabalho aos colegas e ao professor.

9 De leitor para leitor

Unidade 1 Brasil: aqui é o meu país

Livros

- **O Brasil em festa**

  Sávia Dumont. São Paulo: Companhia das Letrinhas.

  De maneira simples, o livro mostra quem é a nossa gente, o que faz quando folga, quando celebra um dia feliz, quando lembra uma velha história ou quando lembra de si mesma. E, então, canta e dança, come em grupo e acende a fogueira.

- **O nascimento do Universo**

  Judith Nuria Maida. São Paulo: Ática.

  De onde viemos? Por que estamos aqui? O mistério da origem do Universo intriga a humanidade desde o início da civilização. O livro traz a explicação da teoria da origem do Universo com simplicidade e lirismo.

Unidade 2 Brasil e sua população

Livros

- **Etnias e cultura**

  Nereide S. Santa Rosa. São Paulo: Moderna

  O livro aborda, por meio de manifestações artísticas, a influência de grupos nômades, nações indígenas, africanos e colonizadores europeus na formação da população brasileira.

- **O homem-pássaro: história de um migrante**

  Ricardo Dreguer. São Paulo: Moderna

  Você vai conhecer a história de Pedro, um migrante que saiu do sertão nordestino e foi para a cidade grande.

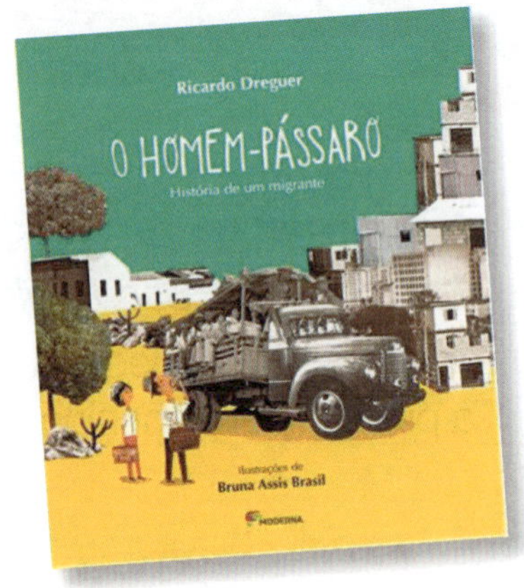

- **Histórias de índio**

  Daniel Munduruku. São Paulo: Companhia das Letrinhas.

  Neste livro, a cultura indígena é apresentada do ponto de vista de um índio. O autor relata, de forma divertida, suas experiências no mundo dos brancos e comenta a situação dos povos indígenas no Brasil.

- **A história dos escravos**

  Isabel Lustosa. São Paulo: Companhia das Letrinhas.

  Neste livro você vai conhecer a história de pessoas que vieram da África para o Brasil e foram levadas ao mercado para serem vendidas como escravos.

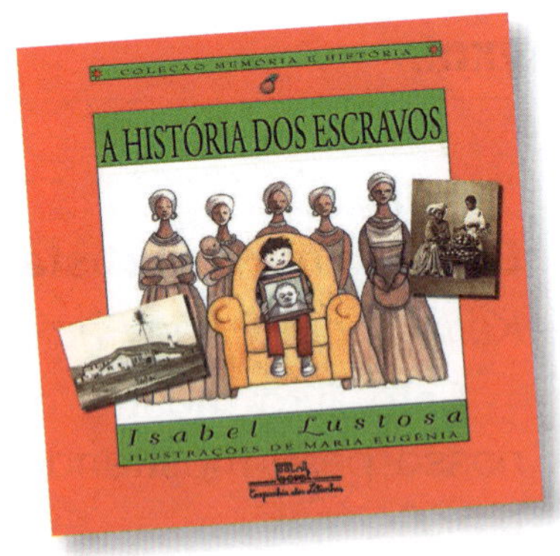

- **A semente que veio da África**

  Heloisa Pires Lima; Georges Gneka; Mário Lemos. São Paulo: Salamandra.

  Considerada na África "a árvore da palavra", a adansônia existe em todo o continente. Partindo da imagem desta árvore como símbolo de união entre os povos, Heloisa Pires juntou-se a artistas africanos para criar este livro. Com ele, as crianças brasileiras vão conhecer algumas histórias e jogos inventados com as sementes de adansônia, estreitando ainda mais o abraço entre nossos continentes.

9 De leitor para leitor

- **A infância de Tarsila do Amaral**

  Carla Caruso. São Paulo: Editora Callis

  Você vai conhecer a Tarsila criança, quando descobre o desenho e a pintura. Uma menina alegre, que adorava ouvir músicas e histórias.

Site

- **http://mod.lk/pibmirim**

  Povos Indígenas no Brasil Mirim.

Unidade 3 Brasil: a natureza e as pessoas

Livros

- **Brasil, olhar de artista**

  Katia Canton. São Paulo: DCL.

  Este livro mostra obras de artistas famosos que retrataram nosso país, mostrando sua natureza, os costumes das pessoas e muito mais.

- **A Terra vista do alto**

  Fernando Carraro. São Paulo: FTD.

  Os personagens Maria e Rafael levarão os alunos a uma emocionante viagem de balão, que começa no litoral paulista e vai até o Pantanal.

- **Caça ao tesouro: uma viagem ecológica**

  Liliana Iacocca; Michele Iacocca. São Paulo: Ática

  Em uma fantástica aventura, as crianças vão refletir sobre a importância da preservação do meio ambiente.

Unidade 4 As grandes regiões do Brasil

Livros

- **Festas e tradições**

  Nereide S. Santa Rosa. São Paulo: Moderna.

  Desde a Antiguidade o ser humano expressa suas emoções dançando e cantando. No Brasil, as festas e tradições como o bumba-meu-boi, a congada, a capoeira, o maracatu e o carnaval serviram de inspiração a notáveis artistas plásticos. Descubra a cultura de nossa gente por meio do olhar de nossos artistas. Conheça a beleza de nossa arte a partir de nossas raízes.

- **Flor do cerrado: Brasília**

  Ana Miranda. São Paulo: Companhia das Letrinhas.

  A construção de Brasília, as festividades de sua inauguração e a arquitetura da cidade foram observadas bem de perto pela autora deste livro, que relata as experiências de sua infância vivida na nova capital do Brasil.

- **Dois sustos em Porto Alegre**

  Luiz Bras. São Paulo: Callis

  Os irmãos Ivan e Inácio querem pregar uma peça no carteiro Carlos, mas o que eles nem imaginam é que também serão surpreendidos! E nessa história todos aprenderão muito sobre a história de Porto Alegre.

Glossário

- **Açorianos**
  Refere-se aos nascidos ou aos habitantes de Açores, um arquipélago português no Oceano Atlântico.
- **Ascendência**
  Origem familiar, genealogia.
- **Berlinenses**
  Refere-se aos nascidos ou aos habitantes de Berlim, uma cidade da Alemanha (país europeu).
- **Ecoturistas**
  Pessoas que participam de atividade turística na natureza, respeitando e preservando o equilíbrio ecológico.
- **Endêmicas**
  Espécies nativas de uma determinada região geográfica.
- **Entretenimento**
  Aquilo que distrai; divertimento; recreação.
- **Épico**
  Acontecimento histórico, heroico, contado em versos.
- **Estiagem**
  Período de seca, no qual o nível das águas de um rio fica mais baixo devido à falta de chuvas.

Trecho do Rio Grande no município de Ouroeste, estado de São Paulo, durante período de estiagem em 2014.

- **Galáxias**
  Conjuntos formados de diferentes astros (estrelas, cometas, planetas, satélites, entre outros), além de poeira e gás, isolados no espaço cósmico. A Via Láctea é um exemplo de galáxia.

A Via Láctea é um exemplo de galáxia. Dela fazem parte o Sol, outras estrelas, os planetas, entre outros corpos celestes.

- **Geólogos**
  Profissional especializado no estudo da origem, da história e da estrutura da Terra.

- **Hectares**
  Unidade de medida para superfícies agrárias. Um hectare corresponde a dez mil metros quadrados (10.000 m^2).

- **Londrinos**
  Refere-se aos nascidos ou aos habitantes de Londres, uma cidade da Inglaterra (país europeu).

- **Manguezais**
  Formações vegetais litorâneas que ocorrem em áreas próximas à foz de rios que deságuam no mar.

- **Miscigenada**
  Que é misturada. No texto, refere-se à mistura de povos de diferentes culturas.

- **Nova-iorquinos**
  Refere-se aos nascidos ou aos habitantes de Nova Iorque, uma cidade dos Estados Unidos (país americano).

- **Pioneiro**
  Aquele que antecipa algo; aquele que está entre os primeiros; desbravador.

- **Sanha**
  Fúria.

- **Satírico**
  Que diz respeito à sátira; que zomba; que ridiculariza.

- **Zaino**
  Diz-se do animal que possui pelagem escura, sem qualquer mescla ou manchas no pelo.

Cavalo zaino.

Créditos das fotos (da esquerda para a direita, de cima para baixo)

p. 3 Airton Marinho
p. 8 Kinga/Shutterstock
p. 8/9 Ioannis Ioannou/Shutterstock
p. 10 Carlos Goldgrub/Opção Brasil Imagens
p. 12 Ronaldo Nina/Tyba
p. 16 G. Evangelista/Opção Brasil Imagens
p. 17 Mario Friedlander/Pulsar Imagens; Marcus Brandt/Dpa/Corbis/Latinstock
p. 18 Paulo Whitaker/Reuters/Latinstock; Alexandre Tokitaka/Pulsar Imagens
p. 20 Mauro Holanda/Abril Comunicações S/A; Luis Roberto Pereira/Abril Comunicações S/A; Márcio Trevisan/Folhapress; Alexandre Tokitaka/Pulsar Imagens
p. 21 Ricardo Azoury/Tyba; Rogério Reis/Pulsar Imagens; Heudes Regis/Abril Comunicações S/A; Ernesto de Souza/Editora Globo
p. 22 Tawanlubfah/Shutterstock; Alexander Bark/Shutterstock
p. 25 Paulo Manzi
p. 34 Pawel Libera/LightRocket/Getty Images
p. 35 Daniel Cymbalista/Pulsar Imagens; Gerson Gerloff/Pulsar Imagens
p. 39 Mike Peters/TMS Reprints
p. 40 NOAA's Geostationary Operational Environmental Satellite (GOES)/NASA
p. 50 Anna Lurye/Shutterstock; Juca Varella/Folhapress
p. 51 Robert Kneschke/Shutterstock
p. 54 Rolando de Freitas/Estadão Conteúdo
p. 57 Eduardo Zappia/Pulsar Imagens
p. 58 Epitácio Pessoa/Estadão Conteúdo; Leo Drummond/Nitro; Marcia Minillo/Olhar Imagem
p. 60 Bruno Magalhães/Nitro; Fabio Colombini; Minerva Studio/Shutterstock; Franco Hoff/Pulsar Imagens
p. 62 Wilmar Santin
p. 63 Rogerio Reis/Tyba
p. 64 Kalashev Studio/Shutterstock
p. 66 Arquivo da autora
p. 67 Arquivo/Estadão Conteúdo
p. 70 Marc Ferrez/Acervo Instituto Moreira Salles; Rodolpho Lindemann - Fundação Gregório de Mattos, Salvador; Marc Ferrez - Acervo do Instituto Moreira Salles; Instituto Moreira Salles (IMS), Rio de Janeiro
p. 71 Rômulo Fialdini/Tarsila do Amaral Empreendimentos - Acervo Artístico-Cultural dos Palácios do Governo do Estado de São Paulo, São Paulo
p. 76 Ray Nonato/Imagens 2.8.com; Lou Avers/Dpa/Corbis/Latinstock; Alessandropinto/Opção Brasil Imagens; Andre Dib/Pulsar Imagens
p. 77 André Dib/Pulsar Imagens
p. 80 Gustavo Magnusson/Fotoarena; Haroldo PaloJr/Kino
p. 81 Mauricio Simonetti/Pulsar Imagens
p. 82 João Prudente/Pulsar Imagens; Andre Dib/Pulsar Imagens
p. 83 Marcos Amend/Pulsar Imagens; Lunae Parracho/Reuters/Latinstock
p. 86 Andre Dib/Pulsar Imagens
p. 90 Ricardo Azoury/Pulsar Imagens; Zé Martinusso/Opção Brasil Imagens; Edson Grandisoli/Pulsar Imagens
p. 93 MR Aesthetics/Shutterstock
p. 94 Fabio Colombini; Cesar Diniz/Pulsar Imagens
p. 95 Cassandra Cury/Pulsar Imagens; Delfim Martins/Tyba
p. 96 João Prudente/Pulsar Imagens; Palê Zuppani/Pulsar Imagens
p. 98 Zig Koch/Pulsar Imagens
p. 101 Fabio Colombini; Luciano Candisani; G. Evangelista/Opção Brasil Imagens
p. 102 Fabio Colombini; Luiz Claudio Marigo/Tyba; Fabio Colombini
p. 103 Cesar Diniz/Pulsar Imagens; Fabio Colombini; Fabio Colombini
p. 104 Gerson Sobreira/Terrastock; Fabio Colombini; Gerson Gerloff/Pulsar Imagens
p. 105 Fabio Colombini
p. 107 Delfim Martins/Pulsar Imagens; Zig Koch/Pulsar Imagens; Fabio Colombini; Edu Lyra/Pulsar Imagens
p. 110 Andre Dib/Pulsar Imagens; Luis Salvatore/Pulsar Imagens; Leo Caldas/Pulsar Imagens; Delfim Martins/Tyba; Ricardo Ribas/Tyba
p. 116 Paulo Fridman/Pulsar Imagens
p. 118 Ricardo Oliveira/Tyba
p. 122 © 2013 - Centro de Geotecnologia do Imazon (CGI)/Imazon - Instituto do Homem e Meio Ambiente da Amazônia
p. 124 Ricardo Oliveira/Tyba; Fabio Colombini
p. 125 João Machado/Olhar Imagem
p. 126 Wagner Santos/Kino; João Prudente/Pulsar Imagens
p. 127 Andre Dib/Pulsar Imagens; Cesar Diniz/Pulsar Imagens
p. 129 G. Evangelista/Opção Brasil Imagens
p. 131 Mauricio Simonetti/Pulsar Imagens
p. 132 G. Evangelista/Opção Brasil Imagens; Beatrix Boscardin/Opção Brasil Imagens; João Prudente/Pulsar Imagens; Marco Antônio Sá/Pulsar Imagens
p. 133 Arquivo público/Agência Brasil
p. 135 Rogério Reis/Pulsar Imagens
p. 136 Vanessa Volk/Fotoarena; Fabio Colombini; Zig Koch/Pulsar Imagens; Iugo Koyama/Editora Abril
p. 137 Andrew Burgess/Shutterstock
p. 140 Ernesto Reghran/Pulsar Imagens
p. 141 Neco Varella/Agência Free Lancer/Estadão Conteúdo
p. 142 Petra Patitucci/Getty Images
p. 145 Gerson Gerloff/Pulsar Imagens
p. 147 Ale Ruaro/Pulsar Imagens
p. 149 Gerson Gerloff/Pulsar Imagens; Wagner Tavares/Pulsar Imagens
p. 150 Delfim Martins/Pulsar Imagens
p. 151 Edson Grandisoli/Pulsar Imagens; Ciça Neder/Fotoarena
p. 152 Acervo do Memorial do Imigrante, São Paulo
p. 155 Leo Fontes/O TEMPO/Estadão Conteúdo; Paulo Fridman/Corbis/Latinstock
p. 158 Rubens Chaves/Pulsar Imagens; Ismar Ingber/Pulsar Imagens; Junior
p. 159 Reprodução
p. 160 Reprodução; Reprodução; Reprodução; Nataliya Turpitko/Shutterstock
p. 161 Nathapol HPS/Shutterstock
p. 162 Reprodução
p. 163 Reprodução
p. 164 Reprodução
p. 165 Reprodução
p. 166 Thomaz Vita Neto/Tyba
p. 167 NASA/CXC/MIT/F. Baganoff, R. Shcherbakov et al.; Lindsay Helms/Shutterstock

9

Destaque as cartas do *Jogo das Regiões Brasileiras* das páginas 169 a 175 deste livro. No verso do tabuleiro que acompanha este livro, você encontrará as regras do jogo.

O Círio de Nazaré e o Festival de Parintins são exemplos de festas populares dessa região. Que região é essa?

Jogo das Regiões Brasileiras

Resposta: Região Norte.

A culinária dessa região tem forte influência indígena, com pratos feitos à base de mandioca e peixes. Qual é essa região?

Jogo das Regiões Brasileiras

Resposta: Região Norte.

Pato no tucupi, tacacá, pirarucu de casaca e picadinho de jacaré são pratos populares nessa região. Qual é essa região?

Jogo das Regiões Brasileiras

Resposta: Região Norte.

É a região mais extensa, ocupando quase metade do território brasileiro. Qual é essa região?

Jogo das Regiões Brasileiras

Resposta: Região Norte.

Os municípios de Manaus e de Belém destacam-se como os mais importantes dessa região. Qual é essa região?

Jogo das Regiões Brasileiras

Resposta: Região Norte.

O extrativismo é uma importante atividade econômica dessa região. Qual é essa região?

Jogo das Regiões Brasileiras

Resposta: Região Norte.

Qual é a região cujos pratos típicos são sarapatel, tapioca e buchada de bode?

Jogo das Regiões Brasileiras

Resposta: Região Nordeste.

Nessa região, as festas de São João, em Caruaru, e os carnavais de Olinda e Salvador são muito frequentados por turistas. Qual é essa região?

Jogo das Regiões Brasileiras

Resposta: Região Nordeste.

Zona da Mata, Agreste, Sertão e Meio-Norte são sub-regiões dessa região brasileira. Que região é essa?

Jogo das Regiões Brasileiras

Resposta: Região Nordeste.

Danças como o maracatu e o frevo são típicas de qual região?

Jogo das Regiões Brasileiras

Resposta: Região Nordeste.

A literatura de cordel é uma manifestação cultural muito popular nessa região. Qual é essa região?

Jogo das Regiões Brasileiras

Resposta: Região Nordeste.

Na parte oeste dessa região ocorre o extrativismo do babaçu e da carnaúba. Qual é essa região?

Jogo das Regiões Brasileiras

Resposta: Região Nordeste.

A comemoração do carnaval, da festa do divino e da folia de reis é muito comum nessa região. Que região é essa?

Jogo das Regiões Brasileiras

Resposta: Região Sudeste.

Entre os pratos típicos dessa região destacam-se a moqueca capixaba, o pão de queijo e o virado à paulista. Que região é essa?

Jogo das Regiões Brasileiras

Resposta: Região Sudeste.

É a região mais populosa do país. Que região é essa?

Jogo das Regiões Brasileiras

Resposta: Região Sudeste.

O cultivo de café foi fator importante para o desenvolvimento econômico dessa região. Que região é essa?

Jogo das Regiões Brasileiras

Resposta: Região Sudeste.

É a região mais desenvolvida do país. Que região é essa?

Jogo das Regiões Brasileiras

Resposta: Região Sudeste.

Quatro estados formam essa região. Que região é essa?

Jogo das Regiões Brasileiras

Resposta: Região Sudeste.

Em algumas cidades dessa região, a população celebra tradições de seus antepassados em festas típicas como a Festa da Uva e a Oktoberfest. Que região é essa?

Jogo das Regiões Brasileiras

Resposta: Região Sul.

Essa região apresenta forte influência cultural de imigrantes portugueses, espanhóis e, principalmente, de alemães e italianos. Que região é essa?

Jogo das Regiões Brasileiras

Resposta: Região Sul.

Algumas localidades dessa região apresentam forte influência europeia na arquitetura de suas construções. Qual é essa região?

Jogo das Regiões Brasileiras

Resposta: Região Sul.

Nessa região predomina o clima subtropical, o mais frio do país. Que região é essa?

Jogo das Regiões Brasileiras

Resposta: Região Sul.

A mata de araucárias ocupava grande parte dessa região. Que região é essa?

Jogo das Regiões Brasileiras

Resposta: Região Sul.

Churrasco, pirão de peixe, marreco assado e barreado são pratos típicos, e o chimarrão é uma bebida bastante apreciada nessa região. Que região é essa?

Jogo das Regiões Brasileiras

Resposta: Região Sul.

Nessa região se localiza a capital do Brasil. Que região é essa?

Jogo das Regiões Brasileiras

Resposta: Região Centro-Oeste.

Além do Distrito Federal, três estados formam essa região. Que região é essa?

Jogo das Regiões Brasileiras

Resposta: Região Centro-Oeste.

Alguns pratos típicos dessa região são a galinhada com pequi e guariroba, angu, arroz com pequi, arroz de carreteiro e sopa paraguaia. Qual é essa região?

Jogo das Regiões Brasileiras

Resposta: Região Centro-Oeste.

A pecuária bovina, uma importante atividade econômica dessa região, é praticada principalmente no Pantanal. Qual é essa região?

Jogo das Regiões Brasileiras

Resposta: Região Centro-Oeste.

Nessa região se localiza o Pantanal, uma planície inundável, cortada pelo Rio Paraguai. Qual é essa região?

Jogo das Regiões Brasileiras

Resposta: Região Centro-Oeste.

O Parque Indígena do Xingu localiza-se nessa região. Qual é essa região?

Jogo das Regiões Brasileiras

Resposta: Região Centro-Oeste.

CARTA-SURPRESA

Passe a sua vez

CARTA-SURPRESA

Passe a sua vez

CARTA-SURPRESA

Passe a sua vez

CARTA-SURPRESA

Avance 3 casas

CARTA-SURPRESA

Avance 3 casas

CARTA-SURPRESA

Avance 3 casas

Acesse

www.moderna.com.br/ac/livroportal
e siga as instruções para ter acesso
aos conteúdos exclusivos do

Portal e Livro Digital

12098018 PRESENTE GEO 5 ED4

CÓDIGO DE ACESSO:

A 00278 PREGEOG4E 5 39055

0003267

Faça apenas um cadastro. Ele será válido para:

MODERNA Richmond SANTILLANA ESPAÑOL